犯罪心理分析

张　蔚／著

2版

恶的群像及如何远离

中国法治出版社
CHINA LEGAL PUBLISHING HOUSE

第二版序言

　　虽时光荏苒，但这本书的序言，用"为什么人人都要懂点犯罪心理学？"这个问题来开篇依旧不过时，或者说，直到今天为止，这句触及犯罪心理学学科核心与灵魂的提问依旧有其浓重的现实意义，犯罪心理学的实用性和其更落地的现实意义的实现，依旧在进行中。我与多年前一样，依旧是在做着犯罪心理学知识科普的张蔚，只是身份又多了几个，比如，一个已经毕业的犯罪心理学博士，一个在高校开设犯罪心理学课程的老师。当然，核心不变的，就是可能和你们一样，多年不变的，对犯罪心理学依旧闪耀的兴趣。

　　多年来我问过很多人，对犯罪心理学的认识或想法，虽众说纷纭，但谈起犯罪心理学，无外乎可能会说"我很感兴趣"；可能会想到比较有名的推理小说，近些年国内优秀作家与国外传统推理作家的优秀作品依旧层出不穷；可能会想到令你印象深刻的电影，或是一些精彩绝伦的剧集，比如到目前为止都依旧可以算是最有名的《犯罪心理》，以及国内近年上映的一众优秀犯罪剧。但另外一个问题出现了，这些可以引起大家浓厚兴趣和好奇的东西，一方面强化了犯罪心理学这个学科身上的神秘色彩，让更多的人更喜欢这个学科；但另一方面对影视效果的追求，以及在不同程度上对犯罪心理学的技术和知识过分夸张渲染的处理，会使大众或爱好者在接触到真正的犯罪心理学知识时产生巨大的落差，进而让犯罪心理学在"兴趣学科"的路上越走越远。

　　那么，真实的犯罪心理学究竟是什么样的呢？

　　作为爱好者或读者的你，自然会有很多自己的理解和想象，日常生活中也可能从媒体报端看到一些真实的案件，大多数很可能是黑暗的。

你也许会感到厌恶、排斥，甚至不愿意去接触。但我认为，真实的犯罪心理学有着让人着迷的魅力。一方面，可能来源于法学、犯罪学的多重专业背景对我的支持；另一方面，也可能来源于现场实务工作的经验。随着接触的案例越来越多、对知识的学习越来越深入，犯罪心理学对我个人来说，其魅力无疑是越来越大。我也希望本书可以带大家以一种贴近生活和轻松的方式，领略和感受真实的犯罪心理学的模样。

比如说，我会反复思考以下问题：

为什么会有犯罪行为发生？犯罪人深层次的、内在的犯罪原因是什么？是哪些因素导致了犯罪人之间的不同？关于这些问题，我的导师马皑教授曾经跟我说过，犯罪人的需求不都是变态的、不可理喻的，或者是无限膨胀的，他们的需求基本上都是正常的。只是他们对于满足需求的手段选择错误。那么，为什么他们会选择错误的手段去满足自己的需求？这些错误选择背后的逻辑和心理的变化，又给我们或者是他们带来了什么？这些，就是犯罪心理学吸引我的地方，相信也会让你着迷不已。除此之外，你可能不知道，犯罪心理学的定义已经不像之前那么狭窄，它已经扩大到包含受害人心理、审讯心理，以及犯罪预防、犯罪矫治等，成为一个综合的学科。

我们同样也关注干预，以及知识的实用性。比如，你独自在漆黑的路上行走，这时，有一个人冲过来，从后面抱住你，意图实施一些不可描述的行为。你应该怎么做，才能增大保命的概率？又如，一个人拿着刀向你冲过来，你应该怎么逃跑？你周围有很多人跟你一起跑，你是顺着人群跑动的方向跑，还是逆着人群跑动的方向跑？这些我都会在本书中和大家分享。了解这些知识后，在关键时刻你可能会更容易挽救自己。而这也正是我写这本书的一个主要目的。

除此之外，我还会讲一些"我本身知道，但是你可能会觉得'嗯？还有这样的东西存在'"的事实。比如，当"我被偷了"这个情境出现时，就会很快速地出现一个问题，要不要报警呢？实际上，出于这样或那样的原因，很多人会选择不报警，自认倒霉。那么，这个时候就会出现记录在案的盗窃案和真实发生的盗窃案之间数据上的差异。另一个数据差异比较严重的例子，就是性犯罪。在性犯罪中，有相当一部分的受害人，因为各种各样的原因，会在事情发生一段时间之后才说出来，或者干脆不说，这是为什么？可能有社会道德观念的原因；有担心被贴负面标签，甚至被污名化的原因；还有可能是担心受害人责任论。那么，这就会造成更大的数据上的差异。

这两个例子，都会联系到一个知识点，即**黑数**，指的是记录在案的犯罪数据和真实发生的犯罪数据之间的差异。黑数越大，说明这一类的犯罪在现实生活中越普遍。黑数对于犯罪心理学的专业人士来说是一个很基本的概念，非专业人士可能并没有听过。

类似的定义，还有**犯罪行为的传染**。犯罪行为会不会像传染病那样，从一个人身上传染到另一个人身上？也就是说，我有没有可能会像身边的犯罪人一样，变得暴躁，甚至去攻击别人，这种情况存不存在？

这些我也会在书里讲到。类似的概念还有很多，如媒体涟漪效应、职业型犯罪、犯罪生涯曲线等。这些概念，其实只是真实的犯罪心理学知识的冰山一角。另外，除了和读者探讨案例和解析以外，在本书的第二部分专门增加了献给读者的彩蛋，精选了几个我认为比较有思考意义的文学作品，对其中涉及的犯罪心理问题进行了带有个人感悟的剖析。如果你想窥见这门学科知识的更多面貌。那么，本书或许可以满足你。当然，我所首要期望的，自然是你永远都不会遇到我们所谈到的犯罪行为，平安、健康、快乐地活着，但是如果你不幸遇到了，我希望你能够利用本书中学到的知识，或多或少地帮到自己。最后，书中因解析所用到的相关数据均来自课堂教学材料。

希望你可以了解到你感兴趣的内容，了解到犯罪人的心理，以及我们共同面临的问题，并从中思考解决方案、预防措施，发散思维，发现更有意思的犯罪心理学。

犯罪心理学博士

2024年10月24日于深圳

第一版序言（一）

近些年来，海量的心理学读物都在扮演着人生道路标识牌的角色，要带领人们通向更开心、更成功、更幸福的下一个人生阶段。

这些内容在主题上选择各异，很大一部分在教读者成为好家长、好子女、好学生、好职员或者好老板，是美好生活的说明书，也是通透心灵的指南针。在这些书中，你能发现人向上发展的无限可能性，甚至在掩卷长思过后，还会有一份努力与拼搏的冲动，像小火球一样留在你的胸口。

这些书带你仰望自己的上限，敦促你在有限的时间里努力攀爬，非常不错。

但这也会带来视角上的固化，以及认知上的不均衡。

只往一个方向看，看不到生活的全貌。每年寒暑假，北京各大高校几乎都会接待来自全国各地的中小学生的参观，孩子们来高校参观就是为了"往上看"而树立目标。但我认识的好几个高校骨干教师家的孩子，在寒暑假被爸妈送去南方的工厂当小工"体验生活"，这其实是换了一个视角，"向下看"同样能起到敦促孩子成长的作用，毕竟，对于这些孩子来说，能让他们产生仰视感的好学校，其实也没那么多。我觉得，"左顾右盼""瞻前顾后"，才是看待世界真正正确的方式，能让人获得一幅"全景"，更明确地知道自己的位置，自己从哪里来，又将去向何方。很多时候，我们需要的不仅是罗盘，更是地图。

此外，强迫性地追求进步，也很容易透露出这样的潜台词："我不喜欢，也不接受现在的自己。"虽然众多心理自助书中告诉我们要"悦纳自我"，但这本身就存在一个很大的矛盾——你不能一边跟对方说你只要努力就能更好，一边告诉对方你现在已经够好了。这样说话，特别不地道。很多时候，我们的认知被一种"努力进步即绝对正义"的错误认识带偏了，以至于很多人产生了本不必要的自卑与自恨。当你不知道更差的人是什么样子时，你当然就会觉得自己是最差的。很多人担心，看向远不如自己的人会让自己堕落，但恰恰相反，去认识和理解他们，更能让自己警醒。

这样的问题，同样发生在我自己的身上，我也有着对于当下自身的不满以及强烈的"上升焦虑"。而张蔚的书，总能适时地让我松一口气，给我一个再理性看看自己的机会。

并不是因为我跟他笔下的罪犯有共鸣，而是因为这种"向下看"的机会，有效地中和了我因为仰望太久而产生的心灵酸痛。

虽然我没玩过攀岩，更没经历过带着一堆专业工具去爬那种非常陡峭的山峰。但在看纪录片与电影时，每当出现这些场景，画面里总会有一个听上去很有经验的浑厚声音喊道："别往下看！往上看！"我明白，之所以不让你往下看，是怕你太过紧张，徒增风险。但如果把生活类比成攀爬，我觉得还是有必要时不时"往下看"的，当你意识到脚下的高度，甚至看到了你不愿为伍的深渊，也许你的手就能攥得更紧。

虽然很多人带着猎奇的心态翻开犯罪心理学的书籍，但请不要把这些案例的主角看作脱离了生活正轨的无序个体，而是要把他们看作另一个人生向量的集合，比起满足好奇心，这本书可以给你带来更广阔的认知。张蔚的这本书，很大程度上是人们另一种视角下的生活状态。他没有向我们揭示人的上限，以及一系列的进步会把人生带入怎样的通途，难能可贵的是，他向我们展现了人的下限可能是什么样子。

不管是看张蔚的书，还是听他讲课，都和阅读"邪典作家"恰克·帕拉尼克的《肠子》的体验很像。不管是在心理学界，还是在文学界，他们都告诉我们，在莺歌燕舞与金碧辉煌之外，还有一个角落，是隐秘的、黑暗的、无人过问的。走进它，看一看，你会不舒服，但你对人的认识也会更完整。

如果你还有所顾忌，可以把张蔚想象成在蹦极的时候，从后面推你一把的那个人。你说不清该感谢他还是该讨厌他，但你知道，蹦极过后，你会更加珍惜脚踏实地的感觉，感恩现在所处的阶段。

欢迎来凝视深渊。

叶壮　心理学者
2020 年 6 月 23 日于北京

第一版序言（二）

各位读者大家好，我是徐艺樱，一名心理咨询师。当张老师问我能不能"整"一篇他新书序的时候，我回想起了他在筹备上一本书《犯罪心理分析：邪恶的二十个模样》时，我写的作为"后补序"的序言并没有被采纳的事情，在这里提出来并不是耿耿于怀，而是惊讶于张老师的高产。我经常被张老师"永动机"一样的动力震惊，每次和他沟通，他不是在去讲课或者翻译新书的路上，就是在伏案赶稿中，总把自己逼得很紧，但又好像很享受这样的忙碌。

我认识张老师之前，他就在孜孜不倦地以"犯罪心理学知识科普人"的身份参与很多形式的活动，和各位读者一样，我也是受益于张老师科普的一人。所以在受到张老师的启发后，自己也挤出时间，以心理咨询科普者的身份，在网上做科普的视频。我的目的和张老师一样，希望更多的人对心理咨询有一个正确的认识。

这本《犯罪心理分析：恶的群像及如何远离》不同于张老师的上一本书，怎么形容这本书呢：接地气的犯罪心理分析实用手册。

本书适合所有年龄段的读者阅读。未成年群体会有很多迷茫和不解，还会有独特的自我，让成年人觉得难以"管教"。我想本书可以满足大家对犯罪心理的好奇，通俗易懂的同时又严谨中肯。没有经过任何艺术加工的现实，对于未成年人来讲，一定程度上能够让他们对自己心中的疑问有所解答。对于成年人来说，书中涉猎的案例分析基本上包括我们熟知但不是十分了解的犯罪事件，从亲密关系中经常被提及的PUA到骗婚案；从面对职场性骚扰，手把手教你如何应对，到面对网络暴力时我们可以采取的应对办法。从案例分析入手，家长们还可以从拐卖儿童的相关案例中学会如何教孩子远离伤害，或是在面对应急事件时可以怎么做；恋童癖相关案例告诉我们真正的恋童癖是怎样的，并且张老师详细写出了应对办法，可以说科普得非常到位；对于未成年人弑母的案例，这种匪夷所思的事件背后的原因更值得家长们去思考……很多案例涉及人在非正常的心理状态下实施犯罪，那么这些非正常的心理状态是否能够得到改善？当孩子出现非正常的心理状态的时候，家长们应该如何应对？张老师也在书中多次提及心理咨询和治疗的重要性。

如果说案例分析是接地气的实用手册的话，那么后面的彩蛋篇则更加能够展现特殊犯罪心理真实的那一面，就像心理咨询师会不停澄清很多事情一样，如催眠不是电影里拍的那样，心理方面的测评不是随便在咖啡馆或饭店就能做的，做心理咨询师不但不赚钱反而要一直投钱来做督导，等等。科普的重要性在于，可以让人们正确地认识和了解日常生活中自以为熟悉的事物。

做科普不容易，坚持这么多年一直在做科普更不容易。真心佩服张老师的坚毅，他每一次的成果都让我佩服不已。我相信，张老师在坚持，也会有更多人受益于张老师的坚持。

徐艺樱　心理咨询师
2020年6月22日于北京

目录
CONTENTS

第一部分　案例分析

第一部分

案例分析

少女嫉妒杀人案

她为什么要把朋友砍死后毁尸灭迹？ ①

首先，我们来说一说，情绪与犯罪。

👽 案件经过

嫉妒会杀人。

这个案子发生在 2012 年，案发时凶手和受害人，都只有 13 岁，未达到刑事责任年龄，但是凶手的作案手段很残忍。凶手和受害人是同学，凶手是个长相一般、身材稍微丰满的小女孩，而受害人是一个可以称得上漂亮的小女孩，同学们平常都喜欢和受害人玩，也经常议论凶手长得不好看。

案发这天，凶手把受害人约到家里玩，受害人也没多想就去了。玩的过程中，受害人在电视机前一直低头玩手机。凶手可能觉得，平时我都是因为被拿来和你作比较才被人嘲笑，如今这么好的一个机会，我要发泄一下，教训一下你。

注意，这个时候凶手的动机只是想教训一下受害人，发泄一下自己积压的情绪，并没有想到杀人这个层面。

---

① 本书案例均由作者结合真实案件加工改编而成，案例中的姓名均为化名。

趁受害人不注意，凶手拿马扎砸了受害人头一下，把受害人给砸晕了。晕了其实并没有那么可怕，但是凶手在这个时候就显得手足无措，恐惧的情绪一下就上来了，在自己家，屋子里又只有她们两个人，刚刚砸的时候没有多想，就下手了。

其实受害人过段时间肯定会醒过来的。但是凶手这个时候脑子里想的都是自己被处罚和被训斥的场景，当然还有被更加猛烈地嘲笑。她怕受害人跑去学校并向家长告状。

这一恐惧不要紧，要紧的是这孩子这时候有点失控了，觉得反正都是被告状，反正都会被猛烈地嘲笑，那不如索性就不让她醒过来。于是凶手就在家里找了些工具，对着昏迷的受害人进行猛攻，受害人本来没有生命危险，结果变成了当场死亡。

家里多了一具尸体，怎么办？肯定有人知道受害人是来自己家里玩的，怎么办？唯一的办法就是让尸体消失。这个想法的出现，让凶手做出了更加惊人的举动，别看凶手是个孩子，她还是把受害人当场分尸，并用塑料袋装了起来，清理了现场的血迹。

其实碎尸这种手段在凶杀案中并不常见。碎尸主要有以下几个方面的原因：对尸体的一般恐惧；行凶后自己的心理负面因素太多；想快速地把尸体处理掉。碎尸是一件很需要技术和力气的活，特别是在没有什么专业工具的情况下，很困难。

由此我们可以推测，虽然凶手只有13岁，但她的心理素质还是很强大的。凶手后来怎么样了呢？

她当然是被抓了，因为接触时间线的问题，她被列为嫌疑人，随后被确认罪行。在所有人都以为双方是发生了激烈争吵才导致这样的悲剧发生的时候，凶手却说只是因为嫉妒受害人，所以才这样做。

我们可能都会觉得不可思议，嫉妒是所有人情绪的一部分，我们中的多数人为什么不会做出这样的行为呢？这就涉及我们要讲的情绪问题了。

👽 心理知识

情绪是什么? 有心理学的研究者把情绪定义为人类所具有的短暂兴奋状态, 如愤怒、仇恨、嫉妒等。那情绪和犯罪有什么关系呢?

举个例子, 有些人的情绪来得快、去得快; 有些人的情绪来得快、去得慢; 有些人的情绪来得慢、去得快。我们可以想象一个漏斗, 漏斗是宽口、底下有个细管子, 这就是我们的情绪池。往情绪池里倒水, 水代表情绪的积压。有些人的"漏斗"可能管子粗一点, 情绪发泄就比较快, 而水如果倒得太快, 管子又细, 水就容易溢出来。

这就是情绪发泄的问题。回到案件中, 本案13岁的凶手, 她的情绪漏斗就出现了问题。

👽 行为人心理特征分析

第一个问题就是凶手没有一个很好的情绪发泄渠道。

你可能会问, 凶手才13岁, 应该有情绪发泄渠道吗? 应该有, 但确实非必需, 因为13岁孩子的情绪发泄问题还没有那么重要。

既然自我没有足够的意识, 那孩子的父母呢? 孩子的父母是应该出一份力的, 但实际情况可能是父母也没有意识到问题的存在。基于未成年人案件的审理模式, 更多的信息并没有被公开, 我们也无法确认凶手父母的情况。不过可以推测她的父母有做得不到位的地方。

第二个问题就是嫉妒的水来得太快。水来得快、倒得慢, 人很快会进入一个极端嫉妒的状态。

第三个问题是环境问题, 也就是言语霸凌。

学校的同学对于凶手外形的嘲笑并没有得到及时的制止和管束, 言语暴力比肢体暴力带来的影响更加内隐和长远。我们可以回想一下自己读书的时候, 如果长期被同学嘲笑, 肯定是一个很难受的事情, 搞不好就会心态偏激，仇恨同学。

凶手可能也是这样，她很可能没有准备好用一个正确的心态去看待他人的评价，主要的问题是她不自信，导致自我评价在这样长期的嘲笑中慢慢降低，这个时候要是能有一些社会支持的话，情况就会好很多。

👽 一般犯罪心理分析

凶手并没有主动找人诉说内心，而且自己也把情绪的出口堵上了，这就造成了我们所说的**情绪的郁结**。

情绪的郁结是指情绪在没有得到抒发的情况下慢慢在一个点堵起来了，这样就会造成人精神视野的缩小以及判断力的减弱。当然，13岁的孩子判断力本身就不强，行动控制能力也比较弱。

我们用愤怒情绪来举个简单易懂的例子。

假设我今天上班，下大雨，我打卡迟了一分钟，全勤奖没了，很恼火。老板开会的时候指桑骂槐地说我，说有些人连上班都迟到，还有什么事情能做得好。早上来的时候那种恼火还没消除。现在恼火值"+1"。

终于下班了，我挤了很久的地铁回到家，开门前才发现女朋友交代买的东西忘了，这就算了。结果一开门，女朋友全然不问我累不累，直接指责我是个废物，钱赚不来，东西还忘买。恼火值"+2"。

这个时候门铃响了，我开门发现是一个快递员，语气很冲地说："打你电话那么多次也不接，要电话干吗的！赶快签了，不要耽误我时间！"于是恼火值"+3"。

签收完快递，回到房间发现女朋友正在和另一个男的发暧昧消息并吐槽我，恼火到了这个程度就爆发了。这就是情绪郁结的过程。

情绪的郁结一旦出现，那么只要有诱因介入，行为人用非正常行为发泄情绪的情况就会出现。

回到本案，这个案子里的诱因有两个：

第一个就是嫉妒情绪的发泄机会。凶手打了受害人一下，把受害人敲晕，心里就好受了一点。

第二个就是害怕受害人醒来告状。嫉妒情绪刚刚发泄了一下，心里还没完全舒服，恐惧感马上就蹿上来了，导致凶手一直处在极端激动的状态中。

学者格瑞西将这种为了消除强烈的情绪郁结而通过暴力行为发泄情绪的犯罪人，称为"危机犯罪人"。

你可能会问，我们要如何应对危机犯罪人？或者如何避免自己成为危机犯罪人？

别着急，我会在后面的章节专门讲给你听。

嫉妒诚然是正常的，因为我们每个人都会有嫉妒的情绪，但是正确地处理嫉妒或者是其他类似的情绪，不让这类情绪影响到我们的行为，才是更需要我们关注和思考的。

亲密暴力案

只想好好谈恋爱，为何非要暴力对待彼此？

👽 **案件经过**

2011年，发生了一件有关亲密关系暴力的案件，在当时引起了很大的轰动。一般来说，亲密关系暴力行为，通常是男性对女性实施的，但这个案子是个例外。

受害人张某与女朋友相处有一段时间了，刚开始两人感情还挺好的，整天腻在一起。但是随着时间的推移，女朋友表现出了一些特别的行为，如要求张某不上班来陪自己，要求张某时刻报告行踪，或者要求电话铃响几声张某就要接听，等等。

张某刚开始还觉得没什么，都是小女生爱的表现嘛，后面才慢慢感觉不对，女朋友类似的要求越来越多。于是张某试图和女朋友谈一下，但是女朋友并不接受，认为张某不爱自己，情绪也很激动，随后张某妥协，但是没想到这一妥协，情况更加严重了。

女朋友变本加厉，经常拿自杀来威胁张某，张某也好多次被抓得浑身是伤，背后都是淤青。张某在询问过家人意见之后决定分手，于是约女朋友谈分手的事情。过程中女方情绪激动，指责是张某变了心，不顾及自己的感受，对张某拳打脚踢，最后拿起家中的水果刀把张某刺死了。

我们再来看一个有关亲密关系暴力的例子。

2014年的厦门，小美刚刚大学毕业，在毕业的间隙不想闲着就开始打工，便与男友相识了。两个人有很多共同话题，经常聊一些与宠物相关的内容，小美自己养了两只猫。

男友一开始给小美的感觉就是很细心，相处一段时间之后，小美就和男友同居了。生活中男友依旧对小美呵护备至，甚至对她的两只猫也不例外。

但是两个人住在一起之后摩擦就因为一些小事而增多了，小美多次与男友当面沟通无果，只好提出分手，没想到男友突然像变了一个人一样，竟威胁小美若敢离开，就当场扭断两只小猫的脖子。

小美自认为是个爱猫如命的人，就忍了下去。没想到男友变本加厉，多次以要杀了两只小猫为由要挟小美，小美最终忍无可忍，趁男友出去喝酒之际带着猫连夜搬家。

此后，男友到处疯狂寻找小美，并发威胁短信和虐猫照片给小美，造成小美精神高度紧张，出现严重的失眠、焦虑等情况，且越来越严重。最终小美在厦门待不下去了，只好回到家乡。

这一段经历，小美多年之后回想起来依旧觉得异常恐怖。

👽 心理知识

以上两个案例中亲密关系暴力的最极端形式又被称为亲密恐怖主义，指的就是亲密关系中夹杂着各种暴力、破坏、恐吓，施暴者以其威胁和实际迫害另一方。

但是抛开这样的极端形式，最常见且伤害较小的亲密关系暴力形式是亲密关系情境暴力。这种情境暴力几乎平等地由伴侣双方互相实施，并且更可能发生在年轻伴侣中，如青少年和大学生当中，类似的情况有双方因为某件事情而互殴或是互相言语攻击。

那么亲密关系暴力究竟指的是什么呢？亲密关系暴力就是家庭暴力吗？

亲密关系暴力当然不等于家庭暴力。要了解亲密关系暴力，首先要了解三个概念：亲密关系暴力的对象、实施亲密关系暴力的方法、实施亲密关系暴力的后果。

亲密关系暴力的对象，字面上很好理解，是基于亲密关系的，也就是任何有或者有过亲密关系的人，都可以成为亲密关系暴力的对象，如正在约会的对象、同居的对象、前任等，这个和家庭暴力的区别就比较明显。

当然定义是有地域区别的，就我国目前的情况来说，家庭暴力的定义是建立在家庭关系存续的基础上、发生在家庭成员之间的。举个例子，假设你有一个男朋友，别人问起来的时候你会说他很爱你，但是他唯一的不好就是有时候吵架会控制不住自己的行为，打过你几次。这算是家庭暴力吗？其实并不能算。为什么不能算家庭暴力？是因为你们还没有组建家庭，行为没有发生在家庭成员内部吗？并不是。换个性别角度来看，你和一个女生约会，你们还没确定关系，只是约会对象。因为一些事不愉快，她把你打了，就算你再想和这个女生组建家庭，发生在这个阶段的暴力也不能算是家庭暴力。

所以亲密关系暴力的对象，就是非家庭成员而又存在亲密关系的人。在我国，家庭暴力一般是指发生在家庭成员之间的暴力行为。

再来看实施亲密关系暴力的方法。我们先要考虑一个问题：暴力就代表动手打人吗？张某的案例就是涉及直接动手的暴力，除此之外呢？

你可能会觉得还有言语暴力，如言语侮辱，骂很难听的话、持续一直骂。还有吗？

精神暴力算不算？我就是不和你说话，不回应你；我监视你，或者通过各种途径暗示你，如果咱俩谈不下去了，我就干掉你；或者像前面我们提到的小美的案例，男友通过说要拧断小猫的脖子来实施威胁。在这些情况下，个体承受的精神压力很大，会感到很恐惧，这些都属于精神暴力。

那么经济暴力算吗？可能很多人没听过。比如，咱俩谈恋爱，我一直花你的钱；或者是我把你的钱据为己有，你提出不妥我也不当回事儿；或者是我严格限制你的花销。

举一个极端一点的例子，早餐我吃一个包子没吃饱，想再要一点买包子的钱。但你就是不给，不允许我花钱再吃一个包子，就是这个意思。或者是我强制性地不让你去工作，觉得你的工作各种不好。这些都属于经济暴力。

还有没有呢？比如，性暴力？亲密关系中的性暴力是存在的。比如，我说我今天不愿意、没心情、没感觉，但你一定要和我发生性行为，强迫我；或者恋爱对象长期对另一方的性器官或者性能力进行无情的侮辱和嘲笑。这些都是亲密关系暴力中的性暴力手段。

亲密关系中的这些暴力手段，细究起来很不一样。

世界卫生组织（WHO）曾经给亲密关系暴力下了一个定义，简单来说就是亲密关系中的任何行为，包括身体攻击、性胁迫、精神虐待或控制行为，会对关系中的人造成身体、心理或性方面的伤害的，都属于亲密关系暴力。

最后一个是亲密关系暴力的后果。我们可以看到WHO在官方定义里提到了造成的后果，虽然这个后果的范围很宽泛，但可以确定的是，任何亲密关系暴力都是有严重后果产生的。比如，受害人心理方面可能出现抑郁、焦虑、惊恐等，可能会改变其对未来亲密关系的认知；经济方面可能会损失一些钱甚至丢掉工作；更严重的后果大概就是身体方面受到伤害了，如前面讲到的案子，张某最后命都没了。

👽 一般犯罪心理分析

无论伤害的严重与否，亲密关系暴力发生的原因是什么呢？

首先是控制与怀疑。这个是心理上的特点，亲密关系的双方对于这段关系的理解不正确，觉得亲密关系就是要极端的爱，要全部的属于，或者是要放弃一切。

　　但其实我们讨论的亲密关系很多都发生在两个人处于相互喜欢的阶段，喜欢是一种很初级的情感状态，是一种尝试和探索的状态，如果一上来就用力过猛，容易过火。

　　亲密关系本身有一定的排他性，且排他的程度是显而易见的，只要是在正常的范围内，这种排他程度下的亲密关系可以得到很多人的理解并且让人安心。

　　举个例子，假设我女朋友今天和朋友出去玩，之前也和我说了这个事情，但她很晚了还没回来，我打个电话问问需不需要接，玩得怎么样，这个是正常的程度；但是如果从她和朋友见面开始，每隔半个小时我就打个电话，或者是让她给我发个定位，这个程度就不是正常的了。

　　其次是建立在亲密关系基础上的不正确忍让和包容。在遭受亲密关系暴力的群体中，几乎超过一半的受害人选择了原谅。这意味着什么？

　　打人的一方会觉得我都把你打成这样了，你还能原谅我，那我是不是可以再无法无天一点？于是一直突破底线，一直在试探边界。

　　可能有人会觉得，包容和忍让程度代表着感情的好坏。那么当你这么想的时候，对你造成伤害的那一方在想什么？所以该说就说，不要觉得谈恋爱就要包容和原谅对方的一切。你被人打得全身都是伤，这还能忍？伤害出现第一次时就要与对方义正词严地谈；如果谈不拢，最好远离，有多远离多远。

　　最后一个原因，我觉得很重要，它出现在我们日常的交往中，那就是亲密关系暴力和很多错误的认知有关。

　　类似的亲密关系错误认知有：打是情骂是爱；有暴力行为的亲密关系总好过当"单身狗"，最起码有关系存在，而拒绝对方就是不爱对方；对方限制自己的自由是因为爱自己、担心自己；等等。当这些想法出现时，你一定要提醒自己。

☻ 法律知识

法律问题也很重要。很多地方的法律是没有亲密关系暴力保护条款的。家庭暴力相关条款是有的，但前面我们也说了，亲密关系暴力和家庭暴力是不同的。

实施亲密关系暴力一方觉得"反正你们拿我没办法，我也不会被抓起来"；受害一方觉得没有法律保护自己，说出来也没有用。很多时候法律实际上是一个心理层面的强支持因素。

目前我国台湾地区已经有了针对亲密关系暴力的相关规定，来保护在亲密关系中受到各种形式暴力的受害人。

大部分人在选择开始一段亲密关系的时候都需要一定的勇气，但是如果后来发现在这段亲密关系中有很多东西都是错误的，那不如早点拿出点勇气结束，开始新的生活。毕竟保护自己不受任何伤害，比是不是单身更重要。

女子22次骗婚案

为了让你结婚，骗子都做了哪些努力？

🛸 案件经过

2014年3月的一个上午，33岁的小芳愤怒地冲进派出所报案，称自己的干妈欠自己钱不还，自己索要多次都没有结果。小芳口中所说的钱，其实是自己结婚的彩礼。

结婚的彩礼钱本来不是应该在新娘自己或者是亲妈手上吗？怎么会和干妈扯上关系呢？

原来，小芳的干妈是当地一个小有名气的媒婆。一年前，干妈给小芳介绍了一个比她年纪大一点的男人，刚开始的时候因为对方的条件不好，小芳和家人并没有同意，结果不知道为什么，小芳和那个男人第二天居然去领证了。

婚姻大事，自己明明不满意怎么就和对方领证了呢？小芳的说法是，干妈说服了她，于是她就嫁了。

男方当然是很开心了，就带着新媳妇回家去看望老母亲，老母亲一看儿媳妇这么好看，又年轻，也很开心。

正在老母亲开心的时候，有一个中间人就对她说："你这个儿媳妇是她干妈抚养长大的，你看这人这么好，是不是要给点彩礼钱意思意思？"

老母亲就问要给多少钱合适，中间人说最起码得35000元吧，老母亲说家里只有8000元，得去凑一下，就东拼西凑地凑出来了35000元。

彩礼钱就这样通过中间人到了小芳的干妈手上，然后小芳的干妈给了中间人5000元，并且答应也给小芳15000元，之后就走了。注意，小芳实际上并没有拿到这个钱。

没过几天，小芳的父亲突然去世了，小芳在回家奔丧的时候就去找干妈要钱，没想到干妈不仅不给，还找各种理由拒绝。小芳非常生气，想着哪有不给自己彩礼钱的道理，就来报警了。

事情到这里，有很多的疑点。我们之前也说了，小芳和男方迅速结婚，彩礼钱自己又一分没有拿到，总感觉哪里怪怪的。到底是怎么回事呢？

小芳可能是抱着鱼死网破的心态报的警？警察一追问，她眼见无法圆场，就把所有的事儿都撂了，原来小芳和干妈同属于一个连续骗婚团伙。

小芳在干妈的介绍下，六年中一共与22个男人"结婚"，骗取对方的礼金，但是多数受害人都没有与小芳领取结婚证。而小芳每次拿到的仅仅是几百元或几千元的分成。注意了，不领结婚证实际上是骗婚的一种手段。

你可能还有一个疑惑，在这22次的"婚姻"中，小芳又是怎么顺利离开的呢？其实她每次的手段都差不多，而且都是干妈传授的，就是四个"不"——不洗头、不洗澡、不干活、不让碰，然后就等着离婚。如果这样男方还不离婚呢？那就装疯卖傻呗。

这几招真的是简单粗暴，但确实屡试不爽，在大多数情况下，受害人为了快点打发她走，什么都不要就和她分开了。但是这次不一样，男方坚决要求小芳退回礼金才能和她离婚。

这下小芳就慌了，打电话给干妈要求退钱。但是干妈不给，钱也不在小芳手里，小芳没办法，就跑了。跑了之后呢，也一直没有和男方办理离婚手续，而她又需要钱，走投无路，只能来报警了。

其实在后面的调查中我们了解到，小芳刚开始也是自己打工来着，但是在受到干妈第一次用骗来的礼金分成的诱惑之后，她觉得钱来得太容易了，而且比自己打工挣的多很多，也就慢慢回不了头了。

　　六年里的22段"婚姻"，时间最短的是一个月，最长的也没有超过三个月。小芳一直过着这样的行骗生活。当然，这些她都已经供出来了，干妈和那个中间人自然也无法逍遥法外。

　　在这个案例中，我们看到了两种骗婚的方式，这也是我们称骗婚是一种特殊欺骗行为，而不是诈骗行为的原因。

🛸 心理知识

　　骗婚者在犯罪心理方面有哪些特点呢?

　　骗婚这种行为，对于实施者来说，并不限于某一性别。可能我们看到的案例中女性实施者较多，主要也是因为大多数人对于婚姻存在的普遍的态度和认知，会造成很多的漏洞，让犯罪分子有机可乘。

　　第一个心理特点是着急。按理说，对待婚姻大事，应该谨慎，但是着急是怎样也避免不了的。比如，有的人（甚至可以说大多数人）年龄一偏大，就会特别着急想要结婚，这种急的心态会让他忽略掉择偶应该谨慎，由于急于追求结果，骗婚的人就有了机会实施诈骗行为。

　　我国社会目前呈现出来的男多女少现象，是一个不容忽视的社会现实问题。在这样的现实情况下，部分男性在看待婚姻方面是有一些困扰的，找不到老婆、结不了婚都是问题，很多人只能干着急，生怕慢一点、晚一点，就娶不上老婆了。

　　第二个心理特点是社会既定现实造成的男女性别观念。比如，要先成家后立业，男方在感情中应该占据主导地位，女方对男方各种实力有要求，等等。不仅是男性有困扰，社会既定男女观念也给女性带来了同样的困扰。比如，传统观念会讲"结婚是女人的第二次投胎"，这种观念可能会导致女性把一些事物排到人生列表的后半部分去；又如，传统观念认为，女性的价值会随着自身年龄的增长而降低，也会导致很多女性在被催婚的压力下丧失理智。

　　毫无疑问，这些压力的存在，会给一些犯罪人一个强诱因，即婚姻市场上的钱太好得了，可能对有的骗子来说，欺骗急于结婚的男女比欺骗老头、老太太买保健品都容易。这个诱因如此之强，一部分原因的确是急于结婚的困扰有时候会给人带来很大的苦恼，这个苦恼表现在太多方面：社会压力、父母的期望、自己的需求，有时候还有经济方面的考虑以及对结婚和结婚对象的期盼，等等。这是一个综合性的问题，综合的方面越多，骗子就越容易下手。

👽 一般犯罪心理分析

站在这个角度，我们来总结一下实施骗婚的人犯罪心理上的一般特点：

● 有的人追求谈婚论嫁过程的"短、平、快"，骗子利用他们这样的心理，能够在短时间内得手，并在短时间内获取利益。大多数骗婚行为追求的都是自己能在短时间内迅速抽离。

● 在以合法婚姻为前提的骗婚情况中，骗婚者会慢慢追求更多的利益，如更多的财产，包括车子、房子、公司股权、更多的现金，甚至是孩子的抚养费，他们不再满足于短时间之内得到的利益了。

● 骗婚的人在一开始的时候都会表现出对对方的无条件顺从或关心，这是一种很高级的关系模式。很多人一辈子都体会不到被别人无条件顺从、无条件关心和爱的感受是怎样的，所以，一旦有人这么对他，他很容易就沦陷了。骗婚者正是利用这个套路，在最短的时间内突破受害人的心理防线，达到目的。

● 无论男女，骗婚者一般都会选择在某方面自我评价低的目标下手，特别是亲密关系方面自我评价低或者是外形自我评价低但是经济能力还不错的人。多金，但是不帅，遇到骗子之前可能一直没人追求，这样的人一旦遇到殷勤的骗婚者，就会有一种意外捡到宝的心态，骗婚者自然更好得手。

总的来说，你想恋爱结婚，对方只图钱财，以有心算无心。骗婚的人就是靠着这种心理落差屡屡得手。

　　婚姻其实是一个很自我的事情，需不需要完全看自己的考虑，虽然现在婚姻被加上了很多额外的念想，但我还是希望人们在面对这个问题的时候，要慎之又慎。

杨某连续强奸案

强奸惯犯为什么能屡屡得手？

这一节里要讲一个严重的暴力行为，这种暴力行为的性别因素影响很大，会给受害人带来生理上和心理上的双重巨大打击，带来创伤症候群或是极度的恐惧，这种严重的暴力行为就是"典型强奸"。

读者可能会奇怪，强奸还分"典型"和"非典型"吗？确实是有这样的区分的。那么具体是怎么来区分的呢？我们先来看看什么是"典型强奸"。

🛸 案件经过

杨某出生于1970年，小学肄业，有盗窃、抢劫的前科，"五进五出"监狱。

2011年10月，一中学发生了一起强奸案，犯罪人溜进校园将一名女生打晕后实施强奸。这个案子的一些特点，与案发前一个月隔壁城市的一起校园强奸案很相像。就在警方侦查期间，又有三所学校分别发生了3起强奸案，行为人的作案手法与前两起案件高度重合。

2012年3月28日，由于DNA比对一致，杨某被刑事拘留。审讯之后，一场持续多年的连环强奸案才浮出水面。

2011年7月至2012年3月，短短不到一年的时间内，杨某共作案14起，加上之前没有被发现的案件，一共16起，共涉及18名被害人。而第一起强奸案，发生在1998年。

1998年9月25日晚，杨某携带作案工具来到河南省某市某家属院二楼被害人李某的家中欲实施盗窃。当时李某一个人在家，杨某色心顿起，持刀威胁并强奸了李某。

2006年下半年某日傍晚，杨某携带作案工具，在河南省某市一中学校门口晃荡寻找机会，见被害人马某一人在校门口等开门，就持刀将马某挟持到学校的西南角麦田内，采用暴力、胁迫手段实施了两次强奸行为。

而这两起强奸案，都没有人报案。不久之后，杨某因为盗窃再次被抓，直到2011年出狱。这次出狱，成了他疯狂强奸作案的开端。

仅2011年7月到9月的两个月，杨某就4次携带工具，采用基本相同的暴力威胁方法，在深夜或凌晨，潜入家属院、学校等相对固定的地点，实施了5次强奸行为。但是这5次中的前4次他因为受害人大叫未得逞而逃走，只有最后一次得逞了，而这两个月来仅有的这次得逞，带来的是对同一个受害人的两次强奸。

2011年10月，杨某并没有因为之前两个月多次实施强奸行为而停下犯罪的脚步。在2011年仅剩的三个月中，杨某又是以基本相同的手段，在深夜或凌晨，潜入家属院、学校等相对固定的场所，实施了5次强奸行为，3次得逞，2次未得逞。

时间来到2012年。过了个年，杨某又回来了。还是同样的手段、同样的时间和场所，但是他的犯罪次数更频繁了，仅1个月就实施了5次强奸行为，2次得逞，3次未得逞。

杨某已经被执行了死刑。他一共对18名女性实施了强奸行为，而这18名受害人中，仅有2名及时报警。

👽 行为人心理特征分析

在定义杨某的行为之前，我们先来看看他身上一些奇怪的特点。

第一点，他好像对强奸女性有种执念，就是所有针对女性实施的暴力行为，除了强奸，没有其他行为了，好像他也没考虑过这个问题，只要他认为有机会，就去实施强奸。

杨某的前妻，隐瞒自己的性取向并欺骗他与自己结婚，给他带来了较大的负面影响。通过不断的强奸，他一方面在发泄自己压抑的性欲望，另一方面也觉得被强奸的受害人不会轻易报警，自己是安全的。

第二点，"大叫"好像对于杨某来说特别有用。回顾案情，强奸行为没有得逞的情况基本都是受害人在"大叫"，受害人"大叫"导致他逃跑。那么为什么在其他案件中受害人大叫就会遭到灭口呢？

这可能和杨某坐过牢有关系。一方面，像我们前面所说的，他就是想通过强奸这样的形式去报复，所以不会选择其他暴力行为，有两起掐脖子的，受害人被诊断为轻微伤；另一方面，他坐牢很多次了，清楚杀人和重暴力伤害是什么后果，他还想继续实施他的"复仇大业"，所以很谨慎，受害人一大叫他就逃走。

杨某这样的强奸行为，就是我们所说的"典型强奸"。为什么称为"典型强奸"呢？它包含哪些特征呢？我认为主要有四个特征：抗拒、陌生、隐秘、暴力。比如，在一个隐秘黑暗的偏僻小巷里，受害人被犯罪人用利器抵住脖子，或者是被抓住头发并掐着脖子，受害人拼命反抗、挣扎，凶手却偏要控制住受害人，而且，他们之间，完全不认识。

这就是我们对强奸的典型印象，所以这样的强奸方式，被称为"典型强奸"。

那么，非典型强奸是什么样子的呢？非典型强奸就是缺少了暴力和陌生要素的强奸行为，甚至有时候抗拒这个要素也很难去判断。非典型强奸，一般指的是在约会状态或者是亲密状态下的强奸行为，如认识的人之间发生的迷奸等。

回到杨某这个案件中，我们继续分析典型强奸的四个特征。

第一个特征：陌生。18名受害人与杨某完全不认识，她们都是被随机选择的结果，甚至杨某都没有踩过点，在选择受害人的时候也没有什么特殊的偏好，这就是典型强奸体现的陌生的特征。

第二个特征：抗拒。强奸定义中的一个核心就是受害人非自愿、不愿意。反观这些案子，所有受害人都表现出了抗拒，并伴随极端的恐惧。但是要注意，抗拒的行为所带来的反应，实际上是和强奸犯罪人本身的类型不同有关系，这个我们在后面会讲到。

第三个特征：暴力。基本上所有的典型强奸案例中都会有暴力的成分存在。试想一下，在不认识或受害人不愿意的情况下，行为人除了使用暴力手段去强迫受害人满足自己欲望发泄的需求或是使受害人失去反抗的可能然后满足自己欲望发泄的需求以外，还能使用什么手段以保证在最短时间之内得手？好像并没有。

站在这个角度上来说，典型强奸的暴力侵害转化为其他犯罪的可能性是很大的。转化的意思就是一个罪行在实施的过程中变成了另一个罪行。典型强奸的转化，最有可能的就是暴力致人死亡。最典型的例子就是你在挣扎的时候，行为或是言语刺激到了行为人，行为人可能在冲动的情况下为了灭口，将典型强奸行为转化成杀人行为。

第四个特征：隐秘。请大家注意场所。杨某的案件发生的地点有哪些？麦田、出租屋、宿舍等，这些都是相对隐秘的地点，有一定的封闭性。包括我们印象中的强奸，发生地点也是在偏僻的小巷，或者是某一个黑暗的角落，而不是在敞亮的环境中。这个一方面是因为环境会给受害人带来恐惧，让受害人不敢反抗，这个点我们后面会专门分析；另一方面就是减少犯罪人被发现和被攻击的可能，便于他离开。

👽 一般犯罪心理分析

那么强奸犯罪人的犯罪心理又有什么特点呢？
杨某犯下如此恶劣的罪行是因为什么？

复仇

杨某自己交代，他这么做的目的很明确，就是复仇。但是这些受害的女孩子伤害他了吗？彼此都是陌生人，怎么会有伤害的机会？又何谈复仇呢？杨某说，他的前妻伤害了他。

因为他的前妻是同性恋，他发现之后非常生气，觉得被欺骗，觉得女人都不是好东西，于是他离婚后产生了"报复女人"的想法。

这就是我们要讲的第一个心理特点——报复。对于典型强奸来说，对于女性的报复是一种特有的心理状态。这种报复心理不一定是来源于某一个女性，可能是犯罪人在与女性交往过程中多次被拒绝，或者是女性由于各种合理原因不太搭理犯罪人等。在经受多次打击之后，犯罪人可能会产生像杨某一样的看法，觉得女人都不是好东西，于是做出报复行为。

第二个心理特点是缺陷感和自卑。其实谈到典型强奸，很多人都不知道的一个点，就是实施这个行为的很多犯罪人，他们本身是有性功能障碍的，所以这些犯罪人是存在由障碍引起的很强的自卑心理的。

在这种心理的驱使下，他们会有两种行为表现：一种是去寻找正常的性刺激弥补自卑，但是因为缺陷的存在，正常的性刺激很可能无法满足其对于性的需求。如果这时候还去寻找正常的性刺激，就会让人更自卑。

那么该怎么办呢？只好走另一条路，就是去寻找不正常的性刺激，在隐秘场合，通过暴力手段，让受害人展现出惊恐、挣扎的状态来使自己得到满足。这些会形成一种强烈的刺激，影响犯罪人的生理，其实更多的是在心理层面，给他带来满足感。

第三个心理特点是欲望的发泄。通过这种手段发泄欲望，其实有一个很重要的原因，就是正常的渠道没办法让他发泄或者是不能满足他，爱人、妻子，你情我愿的性关系，满足不了他。因为在犯罪人的脑子里面，实施典型强奸可以更好地发泄积压的性欲望，这个其实也是引发典型强奸的最原始的一种心理。

第四个心理特点是强化。在杨某的案子里，杨某于1998年实施了第一起强奸，2006年实施了第二起，然后从2011年出狱便开始疯狂作案。他的作案频率为什么会有这样一个突然间的增长呢？

前两起案件发生之后，杨某起初是非常害怕的，但是他发现并没有人报警，自己也安然无恙。这就让他的胆子大了起来，包括后面他因为其他罪被判刑的时候，这两起强奸案都没有被并案，因为根本没有人报案。

这会让他内心觉得，这样作案既不会出问题，又可以达到自己的目的。所以他出来之后就更加坚定了通过这种形式去报复女性的心理，而且认定了女学生。因为他觉得这些女孩子是不敢报案的，她们是软弱的。

在这么多起案子中，只有两起案子的受害人是立刻报案的，为什么？这是非常值得我们关注的问题，读者不妨先思考一下，我们在后面也会谈到。

最后，我想提醒各位读者，典型强奸的受害人目前依旧是女性群体。但是在北欧一些国家，有报道称男性受害人的数量在快速增加。因此，我们每个人都要有这方面的安全意识，只有意识到了，才会有更进一步的保护措施和防范措施的发挥空间。

当然，无论男女，杨某的案件中无人死亡的情况并不是普遍现象，所以谨记，活下来是最根本的目的，然后才是让犯下罪行的人付出应有的代价。

薛某某尾行案

被变态跟踪过的女人，后来都怎么样了？

我第一次去日本的时候，注意到一个有趣的现象，就是地铁和电车站里面都在很显眼的位置贴了很多标语，从这些标语的符号大概可以看出，它们在提醒日本女性，防止"尾行"。

虽然去日本之前，我对日本文化各方面也有一些了解，但是我依旧觉得不可思议，社会上的尾行行为已经严重到要靠这么明显的提醒来防范了吗？本节我们就讲一讲尾行行为。

👽 案件经过

薛某某是我们今天案例的主角，整个故事要从他的高中时期开始讲起。

1965年至1966年，薛某某就读于某高中，在那里，他被他的九年级代数老师小M深深地吸引了。后来在审讯过程中他承认，出于这种迷恋，他开始对老师产生性幻想。

然后他进一步用虚构的电影中的人物描写了关于自己性幻想的故事，实际上这个故事就是自己和小M老师的故事，故事中包括正常的性行为、强奸和轮奸。

在后来的几年里，薛某某对小M老师的性幻想程度并没有减弱，所以当他意识到已经没有任何办法可以让自己从性幻想中得到完全的满足之后，他决定绑架小M老师。

薛某某对小M老师一找就是10年，10年后的1975年，他持枪闯进了一个他认为是小M老师住所的房子，当他发现自己找错了地方的时候，他把房主按倒在地并绑了起来，威胁房主不要报警。这次错误的寻找之后，薛某某又开始了近5年的对小M老师痕迹的搜索。

其实这些年来，小M老师一直和丈夫住在菲律宾，后来于1979年返回了美国。

时间到了1980年，薛某某终于搜索到了小M老师的信息，当他知道小M老师住在某学院里的时候，开始变得很兴奋，并开始尾行他的目标。这么多年的搜索加上尾行，他已经没有办法保持冷静了，因为他觉得自己的幻想终于要实现了。

在近半年的时间里，他一直尾行着小M老师，他的尾行行为一直持续到1980年5月16日，这一天，他尾行小M老师到了当地的一家美容院。他一直在美容院门口等着小M老师出来，当天小M老师还带着自己的女儿。

他在小M老师出来的一瞬间，用枪顶住她女儿的头，并把她们都绑起来，扔进了车的后备厢。在薛某某把小M老师带回家的过程中，他还把一名路过的目击小男孩用铁棍殴打致死。

随后，薛某某把小M老师及其女儿带回家并关进柜子里。当天晚上，薛某某在强奸小M老师之前，和她聊了几个小时。他告诉小M老师，自己15年前是她的学生，而自己这15年来都在搜寻她的踪迹。讲完这些，他就强奸了小M老师。

薛某某在两个月后被警察逮捕，因为小M老师打开了柜子的锁并用厨房的电话报了警。警方在薛某某准备下班的时候逮捕了他，随后他被判处70年监禁。本来其在2010年可以获得保释，但是法官裁定他依旧对社会有危害，必须在监狱里度过余生。

👽 法律知识

薛某某的尾行行为后来转化成了犯罪行为，那么是不是意味着所有的尾行行为都会发生这种转变呢？法律又是怎么定性这种行为的呢？

我国的法律目前并没有针对尾行行为本身的处罚，这里的前提是，仅有尾行行为本身，并没有出现转化的暴力犯罪，如果有转化，那么肯定是按照更为严重的暴力罪行来定罪量刑的。

👽 一般犯罪心理分析

那么，实施尾行行为的人有什么样的心理特点呢？

尾行行为人主要分为两类——有精神疾病的人和没有精神疾病的人。

先来说说有精神疾病的人。薛某某经过鉴定并没有精神疾病，而有精神疾病的人的主要表现其实就是妄想、情感障碍和精神分裂。这个类型的尾行行为人只大概占了总体的10%，其主要特点就是不能很清楚地知道自己在做什么。

最明显的就是产生一些妄想，觉得自己的行为是和与自己有亲密关系的人之间的正常行为，但实际上那些受害人并不是他的亲密关系人，有些甚至都不认识，这些受害人刚好是这些精神病型尾行行为人想要跟踪并喜欢的类型而已。

或者有一些有情感障碍的尾行行为人，在躁狂的状态下去尾行一些目标，也同样不能很清楚地辨认自己在做什么，或者不能很好地控制自己的行为。

这种尾行行为人可能带来的危害没有办法估计，因为精神病类型的人本身就存在行为控制力丧失或者会突然爆发、失控的特点，如果在尾行过程中受到了刺激，那么尾行行为很可能转化为不可控状态下的犯罪行为。

　　再来看看没有精神疾病的尾行行为人。大多数的尾行行为人脑子都是清楚的，他们知道自己在做什么。这类人可能会伴有一些人格障碍、情绪紊乱或者是物质依赖，也可能在酗酒的状态下产生尾行行为。

　　人格障碍主要集中在反社会型人格障碍、边缘型人格障碍和自恋型人格障碍这几类。因人格障碍产生的尾行行为的目的就很明显了，基本都是出于泄愤、报复心理，或者是自恋型人格障碍者，老是觉得别人喜欢自己，莫名其妙地产生被倾慕的感觉，于是去尾行人家，找机会接近。

　　另外，还要注意的情况是心理方面有不正常情绪的投射，如薛某某，其实后来心理学家在对他的分析中发现，他对老师的这种变态的钟情，实际上是对母亲的变态感情的投射。还有高度依赖，表现为离不开某人产生的尾行；嫉妒，表现为因嫉妒某人而产生的对其日常生活的尾行；不接受现实，因否认情况的发生（如分手了但是接受不了）而产生的尾行；等等。

　　马伦在2000年的一项研究中提出了五种尾行类型的观点：

　　①被拒绝的尾行行为，以扭转、纠正或报复拒绝为目的。

　　②愤恨的尾行行为，通常因为受害人所做的事情让尾行行为人感到委屈而发生，主要是出于排解痛苦的欲望。

　　③亲密寻求的尾行行为，主要是寻求与受害人建立亲密关系。这样的尾行行为人通常认为受害人是一个长期被追捧的灵魂伴侣，他们"注定"会在一起。

　　④亲密关系无能的尾行行为，这类行为人一般社交技巧很差，没有办法去和自己看上的目标说话或沟通，于是采用尾行的方式来给予自己心理安慰。

　　⑤掠夺性的尾行行为，这类行为人会监视受害人，以便准备和策划对受害人的攻击，通常是性攻击。

　　薛某某就属于第三种情况和第五种情况的结合，我们从他15年的搜索和跟踪行为就可以看出他的执念，之后的行为可以反映出他的掠夺性。

👽 反思

类似这样的尾行行为危不危险？相信各位读者已经有自己的答案了。我之前一直以为这个行为是一个转化率不高的行为，并不像其他明显的暴力犯罪那样会造成非常大的危害以及对受害人人身安全的威胁。但是薛某某的案例和一些数据改变了我的想法，因为确实有研究显示，尾行这个行为，有超过50%的比例是会转化为暴力犯罪的。

尤其是对于女性来说，她们更有可能成为尾行的目标。我想，可能不少人都有疑似被尾行的经历，遇到这种情况肯定感到很害怕、很恐惧；就算侥幸甩掉了尾行人，也可能会留下心理阴影。这种时候该怎么办呢？要怎么预防被尾行？万一真的遇上了尾行，又该怎样正确应对？这些内容我们在后面的章节会讲到。当然，读者朋友们现在也可以思考一下可能有效的办法。

留学生失踪案

出国在外，应该格外留意哪几种危险信号？

今年刚好是我出国留学的第10个年头，记得刚出国的那个时候，我们甫一入学，学校就组织留学生宣讲安全须知。

其实那个时候没觉得安全须知有多重要，但是这几年新闻陆续报道了一些针对留学生的案件，让人痛心的同时也让我们慢慢意识到留学安全的重要性。本节我们就来讲一下有关留学的安全问题。

👽 案件一

我们要讲的第一个案件是一起令很多人痛心的案件。

2017年6月9日，章某前往位于美国某大学的大厅做实验。12点30分到13点这段时间，章某回到公寓中准备吃午饭。

13点35分左右，监控显示章某在某车站上了一辆公交车。在另一个车站下车后，章某曾经试图拦下一辆公交车，但是这辆公交车并没有停下而是直接开了过去。于是她开始步行，走向位于另一个街区路口的公交车停靠站点。

14点左右，一辆黑色涉案车辆经过章某所在的公交车站，并且在章某所在的附近街区兜了一圈后又回到了她所在的位置。

几分钟后，涉案车辆减速，并在章某站立的位置靠边停车。章某在与司机交谈了1分钟后，坐进了涉案车辆的前排副驾驶位置，随后车辆向北驶去，半个小时后，章某手机信息处于无回应状态。

21点，一名副教授向警方报案称章某不见了，警方搜索了章某的公寓，但并没有找到她。隔天，也就是6月10日的中午，警方正式立案并开始调查取证留学生章某失踪案。

5天后，通过交通监控、对车辆特征的比对，以及电子信息查证，警方筛选并锁定了犯罪嫌疑人。在初步的讯问之后，警方决定监听和监视犯罪嫌疑人的个人活动，以求获得更多的线索。

犯罪嫌疑人是章某所在学校的物理系在读博士生，出生于1989年6月30日。他曾多次被评为优秀助教，喜欢格斗游戏。

2017年6月29日，案件有了重大的突破，警方监听到了犯罪嫌疑人在电话中亲口承认自己绑架了章某的语音，因此立即对他进行了抓捕。犯罪嫌疑人称，自己把章某带到了公寓，将她囚禁在公寓并消磨她的意志。

犯罪嫌疑人承认了自己的杀人罪行。

2019年7月18日，凶手被法院判处终身监禁且永不得保释。

如果这个案件依旧不能引起重视的话，那我们再来看几个同样发生在2015年至2017年的留学生遇害案件。

👽 案件二

2016年5月11日，中国留学生李某在德国夜跑时失踪，并于失踪当晚因遭严重性侵、肢体暴力而死亡。犯罪行为人为两人，曾是一对情侣，作案时两人均为20岁，其中男性作案者是此案的主犯，而女性作案者应男性作案者要求在街上替他物色强奸对象。男性作案者被判处终身监禁。

👽 案件三

2016年8月19日，年仅24岁的中国留学生毕某在英国的家中被男友杀害。毕某被男友用重物持续殴打致死，殴打时间持续数小时，毕某的头部、脸部、肩部、胸部、手臂以及腿部都有严重挫伤，受伤达41处。凶手被判处终身监禁。

👽 案件四

2015年9月27日，中国留学生孙某在加拿大北温哥华被中国人张某伙同其他7名加拿大人绑架、撕票，张某和作为第二被告的一名加拿大人分别被判处有期徒刑14年和有期徒刑7年。此案判决结果一直存在争议，因为张某始终保持沉默，并称自己并不知道孙某被勒住脖子窒息而死，所以14年的刑期是因为被法庭判为误杀，而不是一级谋杀。

👽 案件五

2016年4月27日，中国留学生冷某在澳大利亚遇害，凶手是冷某27岁的澳大利亚籍姨夫。案发前一天晚上，凶手堵住冷某的嘴，把她绑到床上，并拍了几十张照片，然后捅割冷某40多次，随后抛尸。凶手称自己是在毒品作用下实施的犯罪行为，并不记得这段时间发生了什么，最终被判处46年的监禁。

👽 媒体案件分析

可以看到近年来海外的中国留学生受害案件越来越多。有记者整理了近几年媒体报道的案件，发现40%为抢劫、伤害与伤害致死、性侵、绑架等恶性暴力犯罪行为。

媒体还分析了这些案件中受害人的年龄，发现近60%的受害人都是22岁以下的学生，其中以19岁至21岁的大学新生数量最多；另外，在性别上，女留学生在海外出现安全问题的比例高达45%。

👽 一般犯罪心理分析 + 自我保护意识

这些凶案发生的原因有哪些？又有什么特点呢？

第一个特点：情杀逐渐增多。

很多留学生在刚出国的时候，都会经历寂寞、孤独的心理状态。在这个时期，他们面临着重新融入环境、重新建立关系的适应问题，所以这个时候他们的心理是比较脆弱的。

但是，一定要注意，虽然在这个时期亲密关系确实可以给留学生的心理建设带来很多的帮助，但是太急于建立亲密关系，会导致缺少对亲密关系对象的了解和筛选，很可能会把自己带入很危险的境地。

在亲密关系的状态下，亲密关系双方会有很多的隐私沟通，像个人和家庭信息、经济状况等，而这些相对隐秘性的个人信息也多是平常聊天时聊出来的。如果因急于建立亲密关系，把这些隐私信息太快泄露给别人，就可能出现危险。

另外，在亲密关系的发展过程中，也会慢慢暴露出双方性格不合的问题。很快地在一起，很快地同居，就很容易在还没有互相了解清楚的状况下，产生性格摩擦，如毕某在威尔士遇害的悲剧，就是情杀所致。我 10 年前，就是在威尔士读的书。

第二个特点：生活习惯暴露经济条件，带来危险。

现在留学的情况和 10 年前相比也有了很大的不同。现在，大部分留学生家境都不错。有些家境特别好的，可能会在当地买房买车，而且车也不会差。这样一来，留学生在平常生活中就不可避免地会暴露一些自己的经济状况，也会让周围的人认为这个留学生可能很有钱。其实出了国，你就会清楚地发现，大多数外国人并不像我们之前认为的那么富裕，而且，有些外国年轻人确实就是游手好闲。

所以，在国外留学期间，在金钱方面最好要低调，过得平淡一点，不要把太多东西外向地展现给别人。因为这种涉及经济能力的个人隐私信息的展现，会带来很多危险。毕竟就目前来说，很多中国人留给外国人的印象是消费能力惊人，而且因为语言不通等原因比较好欺负。

因此在国外，会出现一些以经济利益为目标的暴力犯罪，如抢劫、盗窃甚至绑架。比如，我们之前提到的孙某在加拿大被绑架的案子，就是因为绑架者觉得他家里很有钱，是富豪。

第三个特点：熟人作案占很大比例。

据统计，有超过40%的留学生安全案件属于熟人作案，轻微的如盗窃、信用卡盗刷案等，严重的如冷某的惨案。

但是，对于熟人作案，可能根本没有办法去防备，因为一般来说，我们都想不到熟人会做出伤害我们的事情，而恰好熟人又有更多的机会与我们接触。一方面，大多数国外的社交，人与人之间都保持着一定的距离，很多人出国留学后发现身边缺少朋友，因此就会更依赖已经认识的熟人。熟人对你的个人情况更加了解，如你的生活习惯、经济状况、朋友和家人的情况等。所以，熟人若起歹心，会更容易下手。另一方面，如果熟人在作案的时候没有做得太明显，那么他们是不容易被怀疑的，因为大家通常情况下都会想当然地认为在国外的所有朋友都是来之不易的，如果只是遇到失窃或是其他不太严重的违法犯罪，可能不太容易怀疑到熟人身上。

然而实际情况并非如此。

所以，出国在外，最好不要轻易建立太紧密的人际关系，在交朋友的初始时期，要设立一个考察的阶段，谨慎交友；还有，切记不要交浅言深，不要把有关自己的深层次的、隐秘的情况，太多太快地跟别人分享。

🎭 留学生应该注意的安全防范

要注意不恰当的留学观念和社会认知带来的负面影响。

第一，要注意低龄出国留学可能会带来的风险。对于低龄的留学生来说，其在出国留学前还没有建立起完善的人生观、价值观，大多数还没有自己的判断能力。

很多父母都会有这样一个观念——孩子要赢在起跑线上。所以他们会在孩子还很小的时候就送他们到国外去读书，从现在很多小学生、初中生出国留学的现象就可以体现出来。

对于这个年龄段的孩子来说，由于他们的人生观、价值观大部分还没有建立起来，甚至没有自行判断事物的能力，所以父母的这种做法，我认为在一定程度上是把自己的孩子暴露在了陌生的可能发生危险的环境里。

第二，留学生可能缺乏自我保护意识。学生大多数心思比较单纯，遇事容易想得简单，容易相信别人，也很容易热心肠。其实中国人普遍热心肠，乐于帮助别人，但是，留学生们需要建立自己的心理防线和安全领域，不论是在心理上还是在行为上，都要树立界限感。

第三，留学生和家人对国外的真实环境了解片面。比如，对留学所在地的法律规定、区域治安以及发生危险时可以采取的安全措施等，或者一知半解，或者根本不清楚。有过出国留学经历的人应该都知道，国外有些城市的部分城区，绝对不能去，因为那些城区的犯罪率很高、很危险，甚至会有针对种族的犯罪行为。

在法律方面，需要知道的是，万一遇到危险需要求助，自己可以选择哪些法律途径。比如，应该打哪一类求助电话，电话号码是多少；除了求助电话以外，还有哪些方式可以让自己得到帮助。对于留学生群体来说，的确存在这样的情况，有的人在自己留学的城市，不知道求助的电话号码是多少。不知道救命信息的基本情况，就会非常危险。

第四，留学生出于社交压力、学业压力等，可能会出现一些心理问题。这些问题可能比遭遇违法犯罪更严重，因为心理问题更普遍地发生在几乎每一个留学生身上。一些留学生会因为这种高度的心理压力，轻易地选择用极端的方式结束自己的生命。

一旦遇到自己无法解决的心理问题，一定要及时寻求专业机构的帮助。

👽 反思

出国学习、深造是很多孩子都想选择的一种学习和生活体验。随着中国留学生人数的不断攀升，留学的环境也在发生着变化。10年前的留学环境，其实比现在真的简单很多。不过，不管什么时候选择出国学习、生活，保证安全始终是第一位的。首先，自己要注意安全防范问题，与他人保持正常的社交距离，合理健康地维护生活状态；其次，在遇到问题没有办法处理的情况下，要尽快选择正当方式求助，保证顺利完成学业；最后，留学生的家人也应为孩子考虑留学是否合适，并适时提供建议和帮助。

英国魔童杀人案

是什么让年仅10岁的小孩子变成了杀人魔？

👽 **案件经过**

1993年的冬天，英国两个10岁的小男孩——小A和小B，杀了人。受害人是一个只有2岁的可爱小男孩，名叫小C。

1993年2月12日，小A和小B从学校逃课，来到一个购物中心玩耍。他们花了点时间光顾了一些店铺，偷了一些食物、一个娃娃还有一罐蓝色的颜料，并且对商场里的一些小孩子做恶作剧。

这样玩了一段时间，小A和小B开始觉得这种恶作剧很无聊，于是他们有了新的想法——选一个孩子拐走，供他们慢慢"玩"。

这个时候，2岁的小C进入了他们的视线，当时他正看着妈妈试裙子。小A和小B拿偷来的糖果吸引了小C的注意，拉着他的手将他带出了购物中心。

小A和小B带着小C走了差不多4千米远，就在这段路程中，两个人对小C又打又踢，有三个路人上前进行询问，但是两个孩子都撒谎拒绝了路人的帮忙。看两个人是小孩子，路人便都被糊弄了过去，也因此错过了救出小C的最佳时机。

傍晚的时候，他们来到一个废弃的火车站，开始了对小C的恐怖折磨。

小A和小B把偷来的颜料泼进小C的眼睛里，拽掉他的鞋子和裤子，把偷来的电池塞进他的肛门，不断朝他扔砖头。这样的折磨持续了近一个小时，然后两个人捡来一根铁棍，对着小C的头猛击，直到小C失去知觉，一动不动。

小A和小B抬起失去知觉的小C，把他扔到了铁轨上，然后仿佛什么也没发生过一样各自回到了家。

两天之后，小C的尸体被4个找足球的小男孩发现了，尸体已经被开过的火车轧成了两截。经司法鉴定，小C身上共有42处伤痕，基本集中在脸部和头部，并伴有多处骨折和刺伤，生殖器也有损伤。

后经鉴定，小C刚被扔下的时候并没有死去，只是失去了知觉，但是，因为地方偏僻，又是晚上，他过了很长一段时间之后才因为伤势过重去世。

警方通过购物中心的监控录像和目击者的报警证词很快锁定了凶手是两个孩子，但是因为拥有同样特征的孩子太多，所以一直没有找到他们，警方甚至在调查中查询了案发当天本地所有学校的逃课记录。

值得一提的是，小A和小B都各自以戏剧化的方式关注着案子的进展。小B曾经出现在当地民众自发组织的悼念活动上，并为小C献上了一朵玫瑰花。

而小A则经常问妈妈，警方抓到那两个小孩没有。小A甚至和他妈妈说，"如果让我看到他们俩，我会把他们的脑袋拧下"。

最后是因为小B母亲的朋友打了一个匿名的报警电话，警方才冲进小B家里搜索，发现了带血迹的衣服和鞋。警方在逮捕小B的同时，小A也从家中被带走。

两个人就此成为英国历史上年龄最小的杀人犯。

看到这里，你是不是觉得这两个人的余生都要在监狱中度过了？

最开始的时候，小B和小A仅仅被判了8年监禁，后来又加判了2年。但10年刑期仍然不能平息人们的愤怒，后来刑期改为15年。但15年的时间，怎么能弥补他们所犯下的过错？

后来在欧洲人权法院的干预下，两人居然在 2001 年获得了假释。

鉴于英国针对未成年犯罪人的法律规定，两人被释放后，可以采用化名，以化名领取身份证明文件和护照，得以重新做人。他们还可以根据需要请求得到警方的人身保护。在他们假释出狱之后，英国又出台了一项新法令，禁止媒体揭露任何会使他们身份曝光的信息。

👽 一般犯罪心理分析

案件的发生已经过去很多年了，但是无论什么时候说起来都还是让人心惊，为什么两个 10 岁的孩子会出现如此严重的早期越轨行为呢？

我们所说的早期越轨行为就是在儿童时期出现的非正常暴力行为或违法行为。就好像人生的轨道跑偏了一样，早期越轨的出现，主要有如下原因。

第一，悲惨的童年。

犯罪学家认为，童年时期的悲惨程度，与罪犯作案的凶残程度存在正相关。童年在很大程度上影响着人的早期越轨行为，因为这个时期是人成长的关键时期，很多成年后的习惯和行为都会在童年时期渐渐固定下来。

我们一起来看看小 A 和小 B 的童年。

小 A 的家庭有家族精神病史，而他的哥哥和妹妹在智力上都存在缺陷，三个孩子里面只有他算得上是智力正常的，这样的家庭情况让他成为其他孩子调侃嘲笑的对象。小 A 的父母离了婚又复婚，然后再离婚，导致没什么人管教小 A，小 A 基本处于被忽略的状态。小 A 的父亲是一个暴力电影的"发烧友"，因为小 A 父亲觉得看这些电影最过瘾，可以发泄一下自己的负面情绪，所以看的时候从来不避讳孩子们，还经常和小 A 一起欣赏充满血腥暴力场景的电影。

小 B 呢？他的成长环境可以说更差。小 B 从小就是全家人发泄的对象，因为他是家里六个孩子中最小的一个。小B的母亲是一个家暴受害人，父亲最后干脆离家消失，再也没有出现过；之后，母亲开始酗酒，完全不管孩子。

小B的五个哥哥中，有一个被送到儿童保护中心，有一个有纵火行为，有一个是惯偷，小B还被其中一个哥哥性侵过。

童年经历如此，处在这样的成长环境中的小B和小A正向发展的可能性有多少呢？长期生活于这样畸形的环境下，容易使得早期越轨的犯罪行为人产生人格障碍与行为偏差，进而做出令人难以理解的恐怖行为。

第二，社会学习与模仿。

班杜拉认为，人的攻击行为来源于模仿，行为可从各种可能学习的地方学来，如父母、朋友、老师、兄弟姐妹处或者电视中，等等。而且儿童的模仿能力非常强，因为他们的信息筛选机制并不完善，所以这个时期的学习会不经思考，不分对错，全盘模仿并接收，而且随后就会在不同场景下做出类似的行为。

在这个案子中，小A很可能受到了暴力电影中的暴力行为的影响；而小B可能是模仿哥哥们和父母的暴力行为，他会觉得暴力行为是一种正常的行为，并不是一个不能出现的错误行为，所以才会"心安理得"地去虐待受害人。

另外，这个案子中，小B和小A是存在互相模仿和学习这个环节的，他们俩经常在一起并做了很多事情，如逃课、偷东西、欺负低年级的同学等。两个人的行为不会完全相同，但他们会相互模仿，然后相互影响。古语"近墨者黑"，就是这个意思。

第三，脑发育问题。

研究发现，早期越轨行为的一个生理基础，与脑部发育有关。我们大脑不同部位的发育情况，会影响一个儿童的行为，从而进一步影响这个儿童出现早期越轨行为的概率。比如在这个案子中，老师对小 A 的印象，是一个有点神经质的小孩，在年龄很小的时候就经常表现出烦躁不安。他上课时喜欢发出各种怪声，下课后喜欢无缘无故地大声喊叫，用剪刀剪自己的衣服，等等。慢慢长大后，他显现出了暴力倾向，经常打架。

小 A 的这些行为，符合大脑一些区域过度兴奋的特点，并且可能因为这个原因而伴有注意缺陷多动障碍，就是我们平常所说的多动症，表现为注意力不集中、活动过度和冲动，常伴有品行障碍和适应不良。

品行障碍主要表现为攻击性行为，如辱骂、打伤同学，破坏物品，虐待他人和动物，性攻击，抢劫等。或一些不符合道德规范及社会准则的行为，如说谎、逃学、离家出走、纵火、偷盗等。

很多家长可能以为，早期越轨行为会随着孩子年龄的增长慢慢就没有了，毕竟是叫早期越轨。实际上并不是，早期越轨带来的是儿童思维模式和行为模式的固化，如果不及时制止和管教，那么这种越轨行为以后很可能会发展成为更加严重的犯罪行为，追悔莫及。

初犯、累犯、惯犯

犯罪领域的"二八法则"：80%的犯罪是20%的人做的？

本节我们关注的问题是，为什么有些人容易重复犯罪？在这里，我们要讲一下"二八法则"。别误会，这里的"二八法则"不是大家熟知的那个巴莱多定律，而是犯罪心理学中的"二八法则"，我们这样形容再犯情况的严峻性——80%的犯罪，是由20%的人做的。

这个结论听起来可能会让大家有点吃惊，我第一次听到的时候也是一样的感觉。当时有几个问题在我的脑海中浮现出来：初犯与累犯和惯犯的心理有什么不同？为什么有些犯罪人只会实施一次犯罪行为，而有些犯罪人会再犯？下面我们就来讨论一下这些问题。

我们首先要知道初犯、累犯和惯犯这三个词的意思：通俗地讲，初犯指的是第一次犯罪；累犯指的是根据《刑法》被判刑后在规定的几年之内再次犯罪的；惯犯实际上是对犯罪行为人的一种描述，即反复实施同类犯罪行为，已经形成了习惯，很难改掉。

说起三者心理上的不同，有人可能会问，都是犯罪人，区别应该不大吧？那么我举个例子来说明，就像游戏里面的等级不同一样，它们的区别还是很大的。

🛸 初犯的心理特征

初犯的心理很好理解，总结为三个词，就是矛盾、肤浅、侥幸。

矛盾指的就是行为人在初次犯罪之前，会在行动手法和犯罪方法之间反复考虑，如他犯罪的需求很强烈，但是手法很有限，这个时候，他会犹豫要不要通过犯罪手段来满足自己的需求。

行为人还会考虑法律规定和自己实际想做的事情之间的矛盾之处。虽然很多初犯可能并不知道法律都具体规定了什么。

这就引出来初犯的第二个特点——肤浅。也就是说，初犯对于很多事物的理解是肤浅或者说是粗浅的，如刚才提到的法律规定，实施某一行为，会受到怎样的刑罚，会有怎样的后果，他们其实并不十分清楚。

很多初犯被抓到之后都会表示并不知道自己的行为会引发这样的后果，得到的刑罚居然这么重，表示很后悔；当然对法律规定的认识只是一方面，更重要的是，初犯的"三观"也很粗浅。比如，他们对金钱的定位有偏差，对诱惑的抵抗力太差，等等。

你可能会有疑问，看起来初犯在犯罪前已经考虑很多了，为什么还会去犯罪呢？这就涉及初犯的第三个心理特点——侥幸，就是赌"你抓不到我"。

其实，犯罪之后漏网的概率非常非常小，但是因为对犯罪人来说，犯罪行为带来的经济利益太大，加上因为肤浅，初犯又不是很了解警察叔叔的实力，所以就想着赌一把。事实上，他们绝大多数都会赌输的，想都不用想。

🛸 累犯的心理特征

"赌"输了就被判刑，改造之后再出来；出来还没安宁多久，就又犯罪了。这又是为什么？这些人是怎么想的？

累犯的心理特点也可以用几个词来概括，即贪婪、报复、交往、谨慎、合理化。

累犯的贪婪，指的是监狱改造都没能让他们的物欲回到正常水平，他们还是有很多欲望和需求，或者因被关起来一段时间，憋得太久了，一出狱就脱缰了。

报复，听起来很可怕。对于累犯来说，他们的报复心理实际上是对社会的报复。主要是源于各种对公权力的不满、对自己遭遇的错误认知以及对环境的抵触。

交往，指的是累犯在改造之后，就被贴了个标签——"你有前科"。这个标签会使得他们在出狱之后，很难交到"一般"的新朋友，反而会比较容易融入同样"有前科"的人群，这样一来，交往不良的可能性就变大了。

累犯很谨慎，这个特点也比较好理解。其实就是他们被抓进去过一次，有过切身的经历，比较清楚被抓的后果，对此也会很害怕，所以他们在作案的时候会比初犯谨慎很多。

合理化是累犯的一个很重要的心理特点，指的是他们觉得既然自己已经被抓起来过了，惩罚完了，也体会过了，可能很多人还觉得自己被亏待了，那么其心理状态实际上已经发生了扭曲，会觉得再实施一些犯罪行为也是合理的，"我应该再做些什么来补偿我的损失"，或者觉得"反正我就这样了，不如破罐子破摔"。

👾 惯犯的心理特征

我们在前面已经提到，惯犯其实是犯罪人的一种状态，指的是控制不住自己的手，就是想犯罪的心理状态。

听上去好像无药可救了，是不是？惯犯的矫治难度确实很大。那么惯犯在心理上有什么特别不一样的地方吗？

有！主要是性格和心态方面的不同。

惯犯存在的主要问题是，犯罪已经成为他们的一种生活状态了。他们在心态上是平和的、稳定的，对于实施犯罪，多数感觉不到紧张，甚至还有点期待；在犯罪行为实施结束后，他们还可以若无其事地走掉。

对他们来说，实施犯罪行为已经不需要进行什么思想斗争了，因为已经习惯了，所以心理层面那种纠葛矛盾的情况基本上没有了。在犯罪之前，他们有可能还是会思考一下，但是不太会因为自己实施的是犯罪行为而纠结。

惯犯性格方面的特点很突出，他们通常会比较内向、孤僻、忧郁，不爱与人沟通；没有什么同情心，比较冷漠。大家会不会觉得这样的性格太内倾了，感觉就像一个木头？其实还真的是这样，很多惯犯都是如此，看起来如同行尸走肉一般。

除了心态和性格上的特点以外，还需要特别强调一点，就是惯犯的犯罪技能很娴熟。他们因为经常犯罪，作案技法已经熟练了，所以社会危害性很大。

🛸 探究：重复犯罪发生的根本原因

聊完了心理上的不同，大家可能都会期待下一个问题：为什么有些人只实施了一次犯罪，被释放后还不好好重新生活，还要再一次犯罪呢？

在这里我要插一句，未成年人的再犯率是比成年人高的，所以要多关注未成年人的教育和行为问题，因为第一次违法犯罪年龄越小，再犯的可能性就会越大，矫治难度也就越大。所以，预防犯罪，需要从小抓起。

回到为什么会再犯这个问题上，我个人觉得，有几个点可以拿来探讨。

首先，出狱人员的社会支持不足，这是我想说的一个主要的点。对有过犯罪行为的人来说，其实他们在回归社会之后，是需要很多的支持的，无论是家人、朋友还是社会层面，都应该给他们提供充足的重新生活和心理建设上的支持。

但现实情况往往是，家人可能搬家不联系了；以前的朋友不联系变陌路了，他们只能和与自己身份相似的、身上有一样标签的人交朋友，这样一来，就没有实际有效的支持可以给到他们；而社会层面，大多数人对出狱人员的接受度也普遍不高。

得不到支持的话，"有前科"的人很容易就会觉得，"哎呀，反正我都这样了，也没办法正常生活下去，烂命一条，那不如我接着做老本行好了，反正之前也做过"。

其次，社会大众给出狱者贴上了负面标签。这个情况在目前还很难改变。大多数人都会觉得"有前科"是一个很负面的、足以完全否定一个人的标签。

确实，这个标签对很小一部分的出狱者来说，可能是贴得对的；但是大多数的初犯实际上是由各种非故意的原因去犯罪的。而不加区分地给他们贴上同样的标签，反而会让相当一部分出狱者失去改过自新的机会和信心。当然，这么说不是要让大家去排除那一小部分人，而是强调应该区分他们，分别对待。

最后，监狱改造不足会带来问题。刚才我们讲了，如果一个人太早开始犯罪生涯，那改造的难度就很大。在没有充分接受改造的情况下，刑期到了，也必须出狱。这样一来，出狱之后，其再犯的可能性也会很大。

🛸 方法：如何应对"有前科"的人

对于我们来说，做好两点就好：不主动招惹，不戴有色眼镜。在知道但是没有必要接触的情况下，不去主动接触他们；而如果是亲戚、朋友、邻居一类的人，那么，要以平常心对待，避免因为"有前科"这样的标签而表现出有色视角，毕竟他们是很敏感的。当然，如果你有能力给到他们或多或少的一些支持，那么不论是对你自己还是对出狱者来说，都是很有帮助的。

😈 反思

    关于初犯、累犯和惯犯的内容，我们暂时先学习和讨论到这里。关于降低再犯率的措施之类的，对于我们甚至是整个社会来说，都是非常重要的。社会不可能完全消除犯罪，但是我们确实有可能改变"二八法则"。

模仿效应

为什么连环杀手也会有人模仿?

这节我们来讲一讲,"你做什么,我就做什么",一种人类行为的根本学习途径——模仿。

说到模仿,你有没有想起什么? 2013年,一个孩子模仿某动画片片段烧伤两个兄弟;2016年,一个孩子因为模仿超人飞行而从18楼坠落;成年人对"爱豆"从穿着打扮到说话谈吐,甚至是外貌方面的全方位模仿……

以上这些都源自模仿效应,无论是成年人还是孩子,无论模仿的是好的还是坏的,对"榜样"的模仿在人类社会一直存在着,并且模仿会在生活的方方面面影响我们。模仿的对象当然也包括犯罪。

👽 社会学习理论

著名心理学家阿尔伯特·班杜拉提出的社会学习理论,在犯罪心理学领域非常重要。这个理论认为,**人类的学习是个人与所处的社会环境持续交互作用的结果**。也就是说,人类的行为大多经由学习而来,一个人从出生开始,就在不知不觉中模仿他人的行为。这些模仿都是发生在各种各样的社会联系中的。

我们可以看出这个理论的一个核心,就是**人类的很大一部分行为来源**

于模仿。班杜拉认为，在社会情境中，个体的行为会受到别人的行为影响然后发生改变，而这种影响，就是你在别人面前展现出来的那个行为。

到底什么是模仿？举个例子，你随手乱扔垃圾，且在孩子面前并没有避讳，那么孩子在看到你扔垃圾的时候，就觉得这个事情你都做了，那他也可以做。因为孩子认为你是权威的，你是他可以模仿的对象。

你有没有注意到？这里面有两个过程：一个是孩子看到你随手扔垃圾了，这个过程是学习的过程；另一个是孩子自己也乱扔垃圾了，这个是学到了，然后转化出来的过程。**学习、转化，这两个过程合在一起就是模仿的过程。**

可能你会问："这么说的话，我出去看到人都会去模仿一下，那我不是要忙死了？"并不是，每个人在模仿前都会先选择对象。

常见的模仿对象有哪些呢？家庭中的父母、学校中的教师、朋友中自己觉得值得关注的人、工作中的前辈，甚至是电视剧或动画片里自己喜欢的人物。

👽 模仿的四种方式

模仿没有我们想象的那么简单，模仿并不仅仅是照着做而已，事实上，模仿有四种方式。

直接模仿：这是最简单的模仿方式。我们生活中一些最基本的社会技能，都是通过直接模仿得到的。比如，小时候学习用筷子吃饭，或者学习一步一个台阶上楼梯。

综合模仿：这个类型的模仿多了一个学习整合的过程。也就是说，你可能从不同的人那里分别学习到不同的东西，整合之后进行了模仿。比如，你看到A用刀子切开火腿肠来吃，看到B用刀子切开面包来吃，那么你综合之后，就可能模仿着用刀子切开水果来吃。

象征模仿：就是学个意思，没有什么具体的行为出现。比如，你觉得某个明星很坦诚，具有年轻人应该有的活力和生活态度，你就去模仿他坦诚的性格特点，模仿他的活力和生活态度。但是，你其实做不了和明星完全一样的事情。

抽象模仿：就是说在模仿中总结出一种抽象的原则，并为自己所用。最典型的例子就是以前我们上学的时候，考试结束之后老师都会用一两节课的时间讲卷子，进行错题讲解。这个错题讲解，其实就是要求你从中总结出规律，再去模仿着做其他的题。

模仿不是单一的、机械的过程。假设你和我都看到了相同的情境，但是我们表现出来的反应肯定是不同的。

👽 模仿中的思考阶段

不同的人在同种情况下的反应为何会不同呢？这是因为在观察模仿和最终根据模仿做出行为之间，存在着思考过程。在思考过程中，人会根据自己的习惯、认知等，把模仿来的社会行为转化成让自己表现出来最舒服的或是最有效的行为。

为了证明这一点，班杜拉曾经以小朋友为受试者，做了一个实验。当然，我们只谈这个实验，不谈这个实验的伦理问题，因为那个时候实验伦理并不完善。这是一个非常有名的实验，叫作波比娃娃实验。

实验之前，先录好一段成年人打一个充气娃娃的录像，接着把录像拿给幼儿园的小朋友去看，当然这些小朋友都看到了成年人打那个娃娃。然后，实验者把这些幼儿园的小朋友带到一个和录像里一样场景的房间，房间里也有一个娃娃，让小朋友们模仿录像中成年人的行为去行动。结果发现小朋友们都采用了不同的打娃娃的方式，并没有像镜子一样，而是各自表现出自己的攻击行为。

👽 暴力攻击行为的来源

这个实验除了说明模仿到行为实施中间，模仿者有自己的思考过程之外，还说明了什么呢？从犯罪心理学的角度来说，这个实验还说明，暴力行为甚至是犯罪行为，也可以通过模仿习得。

班杜拉确实也在他的社会学习理论中提到了攻击行为的来源问题，他认为，**攻击行为不是与生俱来的，而是后天习得的，其中最重要的学习机制就是模仿。**

实施暴力行为或攻击行为的人，通过观察别人的攻击行为，知道了攻击行为是如何完成的，并且对攻击行为的观察学习，一般发生在三种社会联系中。

家庭。家庭成员的示范和鼓励是攻击行为最基本的形成原因。家庭成员要是有暴力行为，或者是本身就有犯罪行为，那么孩子会学得非常快。比如，爸爸是个暴力狂，那么儿子在生活中很可能也会经常使用暴力解决问题。

亚文化。如果处在一个犯罪文化当中，或者是处在一个有犯罪因素的文化当中，那么这个人会很容易模仿并习得攻击行为。比如，国外有些城市，特定区域的犯罪率特别高，在那里出生并长大的孩子，就很可能也实施犯罪行为。

广泛使用的宣传工具所给出的范例。这些宣传工具其实就是电视、电影、游戏等。比如，暴力血腥的电影、有暴力行为体现的电视剧，或者是现在受到国家和社会重点关注的有暴力因素的游戏，这些都会成为成人或孩子的暴力行为模仿途径。

其实对暴力行为，甚至是犯罪行为的模仿并不仅仅在以上的社会联系中会出现，这些社会联系所带来的影响也不单单是模仿、转化、实施一次这么简单，以下两个方面非常值得我们注意：

第一，班杜拉认为，**攻击行为还可以通过对自身攻击行为结果的体验而形成。**假设你犯罪了，然后你在这个过程中得到了一些经验，你就自己模仿自己，学习升级。所以很多持续犯罪的人，会给你这样一种感觉，即其犯罪相关的各方面都越来越成熟。

第二，模仿是一个深层次的问题，**长期高频率地学习模仿，甚至会**

影响大脑相关区域的反应。特别是前额叶，它和我们的共情以及攻击行为有关系。这比较明显地体现在暴力游戏方面，有研究显示暴露在暴力游戏的环境下几个月，肢体暴力发生的概率会有明显的增大。

👾 模仿犯与模仿犯罪

我们再来看一下模仿犯的问题。我们知道，历史上确实有一些很著名的杀人犯，被当作模仿的目标。新的犯罪人就模仿这些"前辈"的手段去犯罪，他们模仿的东西可能不只是手段，还有其心理状态、性格特点等。这种模仿犯罪，其实是之前讲的几种模仿方式的结合，并不是简单的直接模仿或镜子效果。

关于模仿犯罪，其实凶手逍遥法外的可能性并不高。首先，凶手模仿的那个犯罪人已经被抓了，警方对同样的套路非常了解；其次，一些影视剧里面看起来很高级的犯罪手法，实际操作起来总会留下各种各样的破绽。

比如，加拿大有个电影制作人，这个人迷上了一部美剧——《嗜血法医》，十分向往那种白天断案、晚上杀人的双重生活。于是，他给自己编造了一个想找人偷情的放荡女性的身份，利用这样的网络身份，把男的骗过来，然后杀掉。警察一开始找凶手找得很头大，毕竟凶手的反侦查意识很强，但是后来，警方发现，凶手的名下出现了租用犯罪现场车库的记录，他使用了真名。复杂容易留破绽的现场都被他处理得很完美，结果却在这种小细节上露出了破绽。

关于模仿，我想多说一些，如果你不希望你自己、你的孩子，或者是周围的人出现不好的模仿行为，首先，需要以身作则，给周围的人树立一个好的榜样；其次，需要谨慎选择模仿的目标，认清自己；最后，跟有正常行为的群体多交流、多学习。

危险心结

解不开的心结里，暗藏了哪些凶险？

本节我们要讲的，是一种心理状态，这种心理状态是一般犯罪行为人实施犯罪行为的主要原因之一——危险心结。

危险心结的专业概念，应该是中国人民公安大学教授李玫瑾前辈，在国内首先进行研究并论证提出的。一般人可能都知道李玫瑾前辈是研究犯罪心理画像的，其实，前辈的研究领域还包括大的犯罪心理学方向和未成年人违法犯罪心理研究。

本节我们就来讲一讲，在李玫瑾前辈的研究及理论基础上，我自己所理解的危险心结概念在犯罪心理学中的体现。

平常我们在生活中其实就经常提到"心结"这个词，如一个前辈和你说，你有心结，这个结要是解不开，那你就没有办法成为更好的自己。好像电视剧里面也经常会出现这个词，特别是情感类的影视剧，甚至还有一句老话——"解铃还须系铃人"，这个其实讲的是解开心结的办法。

☻ 知识概念

不可否认，心结在日常生活中确实存在，并且其定义和犯罪心理学中的危险心结的定义在大的方向上一致，通俗来说就是指那种心里老是怪怪的，过不去那道坎儿的感觉，有点压抑，又有点难受，是一种复杂的心理状态。

李玫瑾教授举了一个点与线的例子很形象地说明这个问题，大概意思是，人一生的心理是一个连续的过程，犹如一条线，而因心理创伤引起的扣结现象就像在一条线上打了一个结，这个结与线相比呈现为一个点。使用"点"的概念是因为它与"线"的概念相对应。显然，人的一生就如同一条"线"，而"点"就是人生活历程中遇到的某一个事件或刺激。当一条线上出现一个"结"时，整根线就会因这个"结"而无法贯通。人的一生也同样，某一个心结不能解开，致使心理发展出现抑制、偏执、结滞的现象，有的心结会影响到人随后的生活并影响其随后的许多种刺激的心理反应，有的心结则以潜伏的方式存在，相隔很长时间后仍表现出相当强的力量来干扰人的心理反应方式。

2018年2月15日是大年三十，发生了一起轰动全国的杀人案。凶手张某持刀杀死了同村王家的三个男人，而他的杀人动机，则要追溯到22年前自己的母亲被王家人杀害这件事情上来。虽然当年，王家行凶杀人的案件已经得到了法律的处理，但是目睹母亲被杀的张某，显然受到了强烈的刺激，很可能，这件事情就成了他心里解不开的结，所以他才会在时隔22年后酝酿了一起复仇杀人案。

从这个案例中我们能够看到危险心结的几个特点，当然，李玫瑾教授都已经总结出来了，它可能会潜伏很长的时间，持续地影响一个人的思想，并且很可能在人受到刺激之后引发犯罪。

这个概念其实是以弗洛伊德的理论为基础来定义的，李玫瑾教授指出，弗洛伊德把心结总结为一种心理历程被阻止、被压抑而形成的某种心理发展的郁结状态，以及在这种状态下展现出的一些异常和行为。

👽 与犯罪的关系及特点

值得注意的是，并不是所有的心结都会引起犯罪行为的发生，可能只有那些非常严重的刺激源带来的心结才会引起犯罪，如张某的这个案子；或者是长时间高频率的负面影响带来的心结才可能被称为危险心结，因为有这样心结的人可能在遇到一些事情的时候，并没有办法很好地调整自己的状态去应对，可能会出现不能自抑的发怒、高度紧张等情绪，就好像发条，一直扭一直扭，它就会变得太紧，遇到问题就很容易崩断或者是滑丝。

接下来，就会有一个问题：**所有的犯罪人都会有危险心结吗？或者说，所有的犯罪都是由危险心结引起的吗？**并不是，因为危险心结而实施犯罪的犯罪人有着自己的特点，李玫瑾教授在其相关研究中提出了一些观点，我总结了一下。

（1）危险心结引起的犯罪并不少见，可能是犯罪现象中最常见的犯罪。

（2）这类行为人日常生活中没有明显的犯罪倾向，行为人一般也没有前科。

（3）这类行为人绝大多数是能够正常生活的人，这种正常生活包括：

a.学习技能正常，工作能力正常，智力没有明显的缺陷；

b.社会功能没有问题，平常与人交流基本得体；

c.有做计划的能力；

d.有稳定的成长和生活背景；

e.有正常的情感活动，有时候甚至可以用丰富来形容；

f.具有道德判断和知罪能力；

g.有着较为稳定的社会关系。

（4）在受到特定的刺激之后，会表现出与日常完全不同的状态，可能一个人日常是一个谦谦君子，脾气也很好；受到刺激之后，就会变得特别狂躁易怒、谁说话都听不进去。

（5）危害行为可能表现为异常的暴力性，如一上来就要杀人。

（6）危害行为可能表现出不可思议性，对一些犯罪人来说，会刺激到他的心结所在；而在我们看来，不可思议的行为会非常让人难以理解。当然，张某的这个案子，他的刺激源比较好理解，也是比较明确的。

危险心结犯罪人的特点

看完了前面总结的有关危险心结导致犯罪的行为人的特点，你会不会觉得有点奇怪，难道这些不应该是受刺激之后精神失常或是有人格障碍的那类犯罪人吗？为什么这些特点好像说明他们就是平平常常的普通人——受刺激之后就失控的那种普通人？

其实危险心结犯罪行为人，没有精神疾病，也没有人格障碍，就是普通人。**那么，他们和其他的犯罪人相比到底哪里不一样呢？**

最大的不同之处在于，**危险心结的行为人是明确地知道自己做得不对，以及知道自己做错了**。其他类型的犯罪人，其实大部分认为自己做的是正确的，不觉得自己触犯了法律，或者是给他人以及社会带来了很大的伤害。特别是那些经常有犯罪行为的犯罪人，"我做错了"，这个观念在他们的认知里通常不会出现。

危险心结的形成原因

危险心结是怎么形成的呢？危险心结的出现，大致有两个方面的原因。

首先，猛烈的刺激。这是在危险心结的产生过程中必不可少的因素。如果短时间之内受到的刺激太大，就可能出现当下不能适应的情况，而这种不能适应有时候并不是过一段时间就可以好的，可能会延续很长时间。在这个过程中如果没有行之有效的方式去调节，那就很容易让人一直惦记着，人也一直会处于接受不了这个刺激的状态。比如，上学的时候，遭遇过很严重的校园霸凌，就有可能进入这种状态。

这样的状态持续久了，就会带来心理发展的停滞甚至是退化。电影里面常出现"翻篇儿了"这样的话来劝主人公忘记之前发生的事情。但是有些人，你不得不承认，在现实中就是忘不掉一些事，会过于对自己之前的经历耿耿于怀。甚至有些人一想就是十几年，结果十几年后在平静的生活中突然做出一个犯罪行为出来，周围的人就会很吃惊：这人怎么突然这样？发生了什么事情刺激到他了？其实并不算突然，很有可能就是十几年前的一件小事，他一直没忘掉而已。

其次，特别的经历。我相信每个人都会有特别的经历。在这里，我们所讲的特别的经历对危险心结的形成很重要，因为它决定着哪些人遇到刺激时会产生危险心结。比如，我们遇到了同一个刺激事件——被人开了一个不好的玩笑，可能有点人身侮辱的味道在里面，但是我有危险心结，一直耿耿于怀；你却没有，哈哈一笑就过去了。这种区别背后的东西，就是我们说的特别经历。

你的经历会决定你的认知和反馈水平：你如何处理负面情绪，以及怎样去正确看待这个强烈的刺激。如果我经历的事情比较多，已经有了心理上的承受能力，那么当这个刺激来临的时候，我就可以很正确地去疏导自己的情绪；而如果你没有经历过类似的情况，你就没有办法去正确面对。

👽 识别与避免伤害

有危险心结的犯罪人，看起来和我们完全一样，知道法律的轻重，也知道人不能轻易做出格的事情；正常工作生活，正常恋爱结婚；乐于助人，有一些很好的朋友；等等。好像放眼望去，我们周围都是这样的人，那我们怎么样才能识别出他们呢？遇到他们，要怎么样正确应对呢？

其实，他们内心深处的那个心结，只要不受刺激，是不会引起失常的；他们也真的就是和我们一样的普通人，没有必要因此就过分担心自己的安危，或者是特别去分辨"某人是不是有危险心结"。

所以，我们在正常的工作和社交中，还是要与人为善，言语和善不刻薄，不要动不动就去抬杠、吵架，不开不合时宜的玩笑，一般是不会刺激到有心结的他们的。

挫折经历

为什么有的受害人长大后却成了犯罪加害者?

　　我们一生中肯定都经历过很多的挫折,可能有学业方面的、感情方面的、家庭方面的等。挫折如果处理得好,会帮助我们成长;如果处理得不好,会怎么样呢?

　　比如,一个男孩子在青春期的时候谈恋爱,初恋很美好,可惜很快,女孩子就提了分手,男孩子就被抛弃了;不仅如此,在分手时,女孩子还细数了男孩子很多不好的地方。结果,男孩子积累了很多感情上的挫折。

　　初恋过去很多年之后,在某一个阶段,男孩子在感情上遇到了同样的问题,又被女朋友抛弃,刚好这个女朋友和初恋长得很像,性格也很像。那么,再一次的分手,这种挫折就会激起男孩子曾经经历过的伤害感受,他就有可能做出比较出格的事情,如打伤女友,或者是威胁女友,甚至还可能会做出更可怕的事情。

　　本节我们就来讲一讲,在没有处理好的情况下,挫折所引发的犯罪。

👽 知识概念

　　挫折是什么?最简单的理解就是,我们想做一件事情,结果由于各种各样的原因没做成,就被打击了。但是在心理学上,对挫折的解释会更复杂一点。**挫折是一种常见的情绪反应，一般包括愤怒和失望的情绪；这种情绪反应就是在个人目标无法完成的时候产生的，并随着具体无法完成的情况而增加。**

挫折感的来源是多方面的，而人为了对抗挫折感，会做出一些行为，其中就包括可能发展成为犯罪的暴力行为。

早在1939年，研究人员就通过研究提出了**挫折—攻击理论**，这个理论认为，人类攻击行为产生的一个重要原因，就是目标无法完成时带来的挫折；并且认为挫折是先于攻击存在的，而攻击是挫折的必然后果。当时在学术界引起了很多的关注。

1941年，尼尔·米勒就提出了自己的观点，他认为，我们所经历的挫折，会产生一种做出反馈的需要，因为我们要通过做出一些行为来减轻挫折感。但是，暴力只是我们会做出的众多行为中的一种，而非全部。

1989年，研究者们认为，我们本身具有的一些特点，会导致我们在遭遇挫折时的反应不同，其中消极情感和个人归因对人在面对挫折时是否会产生攻击行为起着主要的作用。

挫折的确会增大攻击行为产生的概率。那么，这种攻击行为一定是外显的吗？比如，动手打人、摔东西、破口大骂，或者是威胁。其实并不是，攻击行为也可以是不外显的，如扎个小人、搞个迷信、诅咒某人不得好死之类的，都算是攻击行为的范畴。

👽 区别因素

既然挫折会增大攻击行为产生的概率，为什么有些人在遭受挫折之后不会出现攻击行为呢？比如，我和你一样，做了同样一件事情，导致本来可以成功的项目失败了，我就忍不住摔东西、骂人，而你就显得很平静，在找问题，准备下次做得更好。区别在哪里呢？主要是以下几个方面。

个人经历。比如，之前你经历过很多挫折，已经对这种感觉很熟悉；你是一个越战越勇的人，虽然经历了失败，但仍然保持前行。

对挫折的个人理解。比如，我看待挫折是一种打击，你看待挫折就是一个成长的机会。

个人对挫折的反应方式。比如，我很沮丧，想发泄一下；你的第一反应是冷静地分析问题。

环境中是否有可以诱发攻击的刺激因素。比如，我正想发泄一下，看到有个花瓶在旁边，很可能我就把它拿起来砸了；如果周围什么都没有，那我暴力发泄的程度可能就会轻很多。

你大概可以看出来了，经历挫折其实并不是不好；经历得多了，如果形成了一个正确看待挫折的态度，那么很可能就不会有太过激的行为产生了。

相反，如果一个人看待挫折的态度偏激，平时又比较冲动易怒，那么，一旦发生比较严重的挫折事件，他实施暴力犯罪的可能性会更大。我们在生活中与疑似这类人相处的时候也要小心，避免自己给他们带来挫折，如刚好是竞争对手的时候，那就想办法软化一下态度。

另外，如果我觉得这个挫折的出现，是有人故意造成的，或者说有人明知道一个事情对我很重要，还故意弄砸了，让我没有达到预期的目标，那么这种情况下，我的攻击行为的出现概率就会比一般情况下大很多；相反，面对不可抗力造成的挫折，攻击行为是很少出现的。比如，我第二天要见一个很重要的客户，要谈一笔标的额很大的生意，相关资料已经准备好放在了文件包里；公司里的竞争对手，不愿意让我成功签单，他就找到一个机会，把我的资料偷偷换掉了。我见到客户时，对方发现我资料准备得很烂，导致我的合同没有签成。我很生气，并且在知道是同事搞鬼之后，很可能就会出现对该同事的敌意和攻击行为。但是，如果同样是合同没有签成的结果，但不是因为同事搞鬼，而是因为老天突然下暴雨，我又没带伞，包里的资料都损坏了，那这种就是不可抗力造成的挫折，一般就不会引起针对别人的攻击行为。

👽 挫折与攻击转移

除此之外，挫折很可能导致攻击目标的转移。一般来说，我们会觉得，挫折发生了，肯定得去攻击给予我们挫折的目标，来消除我们的挫折感。比如，前面提到的扎小人，虽然是间接的攻击，但也还是在攻击那个带给我们挫折的人。如果这个目标过于强大呢？就会算了吗？并不是，这个时候挫折引起的攻击行为会发生转移，转移到那些弱小或者无辜的目标上面去，他们会成为替罪羊。

举一个日常生活中的例子，假如我在工作中被歧视、被侮辱，觉得很憋屈，想做的事情又由于一些原因没有办法推进下去。那么，我要怎么做才能把我的挫折感降低呢？去找人理论吗？或者去和领导说说这个事情？我担心我去找人理论了之后会被炒鱿鱼，毕竟老板也不希望公司里有人吵架。我就带着这种挫折感回到了家，很可能会把自己的愤怒和沮丧发泄在最亲近的家人身上，打老婆、打孩子，以此来消除我在公司得到的挫折感。

这个挫折导致的暴力攻击转移的观点，同样也可以被用来解释暴动和一些武装冲突。研究者们认为，参与暴动的群体大部分都是因为在社会生活中承受了太多的挫折，不如意，又没有办法与公权力对抗，所以他们可能通过暴动这样的形式来表达他们被压抑的挫折感和愤怒。

👽 原因分析

挫折引起的攻击行为是如何产生的呢？目前学术界对于挫折产生攻击行为的原因，还没有一个准确的定论，各种研究和讨论都在进行，但是有一种原因，值得我们关注，就是**神经生物学的原因**。

一些研究表明，我们的一个神经系统负责执行对挫折的基本反应，碰巧这一系统的基本反应之一是暴力。该系统由杏仁核延伸到下丘脑，最后到中脑。当一个人受到挫折时，额叶会被激活，与我们脑子中间负责对抗挫折的系统发生联动，然后我们根据从额叶区域收到的信息来决定要做出何种反应。

当挫折程度低时，一般我们会不想动，沮丧的情绪会让我们感觉很痛苦，我们并不会选择攻击的行为去发泄，可能这个时候会选择用哭泣、沉默来对抗。如果挫折程度稍微高一点，或者是挫折突然发生的时候，这个系统一般情况下会让我们选择暂时逃跑去避开，然后我们再选择其他方式去处理挫折情绪。而当挫折水平很高的时候，这个系统会显得很活跃，让我们浑身发抖，情绪异常激动，并且会选择外显或者不外显的攻击行为来发泄和对抗目标没有达成带来的那种强大的挫折感。

👽 应对方法

挫折是一种很平常的情绪，每个人都会经历，所以，去关注人们遭遇挫折时会变得怎么样，注意自己应该特别防范哪些人，这样的做法是不切实际的，事实上也不应该这样去做。我们关注的目标应该是个人如何正确看待、应对挫折。下面从以下几个方面谈一谈。

看待挫折的态度。如果仅仅把挫折看成失败，那么就会切实体会到打击，越看重，打击越大；相反，如果把挫折看成机会，挫折能够给你带来一次额外的机会，你可以在这次机会中，修改完善，做得更好。

高期待的影响。如果对自己的期待过高，这件事就一定要做成，不允许失败，甚至是，跟自己说"这辈子我都没有失败过"，那么在这种高期待的心态下，你很有可能完全承受不了任何挫折。因为期待太高，高期待很容易造成自尊心受到影响，挫折感很强。

　　别人对自己的评价。别人对你的评价，一定会因为有了这个挫折而变得很差吗？我们自己是什么样的人，会因受到挫折的影响而轻易变化吗？成功了就是赢家、不成功就是loser？这种不正确看待别人对自己评价的处事方式，也容易导致更多更深的挫折。

创伤后应激障碍
得了PTSD的人在什么情况下会出现犯罪行为？

创伤后应激障碍，就是我们通常说的PTSD，是指人在经历过情感失败、战争、交通事故等创伤事件后产生的精神障碍。

其实创伤后应激障碍可以说是一个有着很长的过去，但是有着很短的历史的一个词，因为这个名字，是在1980年才被正式确认并开始使用的。

很长的过去，是什么意思呢？研究显示，关于创伤后应激障碍的最早文字记载可追溯至古希腊时代，而在两次世界大战中，因为很多参战士兵都受到它的困扰，所以那个时候的相关研究一下子变得很多，同时出现了各式各样的名称，如炮弹休克或战争性神经官能症。

👽 PTSD 的症状表现

上过战场的勇敢者都会有这样的障碍，那它都有哪些表现呢？主要为以下四类症状：

闪回症状——主要表现为脑子里面或者是做梦的时候不断反复、不自主地涌现出与创伤有关的情境或内容，也可出现严重的触景生情反应，甚至感觉创伤性事件好像再次发生了一样。

回避和麻木症状——主要表现为长期或持续性地极力回避与创伤经历有关的事件或情境，拒绝参加有关的活动，回避造成创伤的地点或与创伤有关的人和事，有些人甚至出现选择性遗忘，不能回忆起与创伤有关的事件细节。简言之，就是尽一切可能去避免哪怕是一点点可能让自己想起来发生过创伤事件的情境。

警觉性增高症状——主要表现为过度警觉，注意力不集中，很容易被激怒以及出现焦虑情绪。

暴力伤害症状——有些人可能表现出滥用成瘾物质，做出攻击性行为、自伤或自杀行为等。

这些症状一般会在创伤事件发生后数日或数月中出现，但是有时候发病时间可能会延迟数年甚至数十年。创伤记忆有时候会深藏于患者的记忆当中，当病患做了某一特定身体动作时，这个记忆一下子被提取出来，便触发了创伤后应激障碍。

如果这个人经历了另一个压力事件，如家人死亡、被诊断患有重大疾病，那么潜伏的症状就有可能出现，也就是说之前那次事件的影响还在，当压力又来一次时，情绪和反应一下子就爆发出来了。症状一旦出现，最少会存续一个月的时间。

👽 儿童 PTSD

看到这里，大家可能会有一个问题：只有成年人会出现 PTSD 吗？孩子如果也遭受了灾难情况，会出现 PTSD 吗？事实上，儿童也是会出现类似障碍的。

与成人不同的是，儿童（尤其是 10 岁以下的幼童）出现这种障碍的概率比较小，但是一旦出现，就会有以下一些表现：

反复扮演创伤性事件；

玩与创伤有关的游戏；

面临相关的提示时情绪激动或悲伤；

回避症状，如分离性焦虑、黏人、不愿意离开父母；

高度警觉；

容易生气或暴怒；

难以入睡。

诱发因素

你可能会觉得创伤后应激障碍或者PTSD这个词好像经常能听到，是不是几乎每个人经历了创伤事件之后都会有？其实，研究显示，大多数人不会因为经历创伤事件而出现创伤后应激障碍。

细分下来，经历事故或自然灾害的创伤，比较不容易出现创伤后应激障碍；而经历如强奸或儿童时期受到虐待这种人身伤害的创伤的人，更容易出现症状，其中以强奸受害人为"重灾区"，有近50%的强奸行为受害人会出现创伤后应激障碍的反应。

我们在前面提到了战争会带来创伤后应激障碍（如美国参加越战的士兵中17%有创伤后应激障碍），还有如强奸或儿童时期被虐待也会出现症状。那么除此之外，还有哪些情况会带来这种障碍呢？以下便是情况的列举。

暴力攻击；严重的车祸（有12%的创伤后应激障碍发生概率）；意外事件（意外爆炸后，有30%的创伤后应激障碍发生概率）；目睹亲人、恋人等关系亲近者的突然死亡；受到亲密关系的伤害；幼年时被抛弃；自然灾难，如地震、海啸；难产；校园霸凌；职场骚扰或暴力；等等。

研究显示，在美国，每年约有3.5%的成人受到创伤后应激障碍的困扰，而有约9%的人会在其一生的某阶段患上此种障碍。在其他国家，患上创伤后应激障碍的人每年占整体人口的0.5%—1%，而在武装冲突频发地区的比例可能会更高。从性别倾向上来说，女性的发病率总体是高于男性的。

与犯罪的关系

创伤后应激障碍看上去是一种让遭遇到创伤的人感到很痛苦的障碍，

它会和犯罪有关系吗？

国外有一项临床研究指出，**曾经患有创伤后应激障碍的幼童，在成年后比没有遭受过创伤后应激障碍的人有更高的犯罪倾向。**

创伤后应激障碍会让人产生错觉或是幻觉，患者的警觉性很高，在遇到不利的情况时很容易产生被害妄想或者联想。这样的情况就容易导致基于自认为是自卫性质的暴力行为，但是可能外在的侵害行为本来就不存在。

另外，约翰和席尔瓦等研究者还对创伤后应激障碍造成的犯罪行为进行了分类，他们认为创伤后应激障碍带来的犯罪行为主要分为以下四类。

妄想型暴力行为。这个类型的暴力行为主要就是因为以前发生的事情在脑子里一直挥之不去，便产生了妄想。在这个妄想中自己可能又一次遭受到了侵害，而面对这种侵害的时候，行为人会选择防御性的暴力行为。但是就像我们前面所说的，这种外在侵害可能本身就是不存在的，是一种创伤后应激障碍带来的想象。

刺激寻求行为。虽然之前的经历给患者带来了创伤，但是其中一部分人对于这些经历中同样存在的强烈刺激，有一种内心而起的"向往"，为了追求这种强刺激，不断地通过暴力行为或是其他不正常行为来找回之前的那种状态和感觉，于是犯罪行为就在这个过程中发生了。

双相情感暴力行为。创伤后应激障碍带来的躁狂和抑郁造成的暴力行为，主要表现为躁狂状态下对别人的突然攻击和抑郁状态下对自己的自我伤害。

睡眠障碍暴力行为。这是比较特殊和少见的，大概占4.8%，一般有两种情况，一种情况是睡得太少了，另一种情况是睡得太多太深了。睡得太少的情况是因为创伤后应激障碍带来的失眠引起的精神涣散和自控力低下造成暴力行为的发生；睡得太深，就是在梦游状态下发生暴力行为。睡眠障碍暴力行为少见但确实是存在的，不要以为梦游就只是径直走，其是可能会有暴力行为出现的。

🛸 应对方法

如果我们周围有朋友患创伤后应激障碍的话，该怎么办呢？

目前有药物治疗和心理咨询辅助两种方式，根据国外的研究，心理咨询辅助的效果比药物治疗要显著，因为创伤后应激障碍的症状很多，很难去根据每一种症状开药，否则患者需要吃的药就太多了。

找专业的心理咨询机构寻求帮助，进行陪伴和沟通，并且和他们一起正确认识灾难，可能才是行之有效的。

纵火癖
故意放火的人，心里究竟在想什么？

日本鹿苑寺，也叫金阁寺，位于日本京都，被日本政府指定为国宝。应仁之乱中，金阁寺大部分的建筑被焚毁，只有舍利殿没有受到损害，成为北山文化唯一的建筑遗址，被日本政府列为重点保护对象。

我如果去日本，一定会去京都看看金阁寺，其实这个地方曾经是足利义满的行宫，所以园林修得很是漂亮，很典型的日式园林的样子。金阁寺舍利殿就在湖中间，整个舍利殿都是金色的，但是我们现在能看到的这个舍利殿，其实是修复重建的版本了。

真正的那个舍利殿，于1950年7月，被当时在金阁寺修行的一名见习僧人林某放火自焚给烧了，殿中供奉的国宝、足利义满像也都化为了灰烬。

林某有精神分裂的初期症状，对住持和周围的人抱持着被害妄想；而对于金阁寺，则有爱和憎恨两种矛盾的感情同时存在，他曾经说过，金阁寺有一种超过了他自己的美。

这是一个悲惨的故事，因为不论是林某还是金阁寺舍利殿，都付出了很高的代价，也足以看到纵火这个犯罪类别的无情以及无法控制的特点。

🛸 知识概念

我们小时候也可能在某个阶段痴迷于玩火。当然小时候玩火主要是因为好奇，可能还认识不到火会带来的危险。小时候可能觉得有个东西点着了，会冒烟，会有一些特别的味道产生，很有意思。

出于这种心态的玩火当然与纵火犯有着很大的区别，纵火犯的类型一般分为以下几种。

有目的性的纵火：出于怨恨或者经济类别方面的诉求，如报复个人或社会、骗保或者毁灭犯罪痕迹等原因的纵火。这类纵火目的明确，没有依赖性，但有一定的场景特殊性，仅仅是一种危险的犯罪手段。

意识模糊状态下的纵火：无目的的纵火行为，如在酒醉状态、药物过量状态，还有其他意识模糊状态下的行为。

纵火癖：主要是通过纵火获得类似性兴奋和愉悦的情绪唤起和紧张的感觉。这类行为人实施的纵火行为一般是在隐蔽的情形下，从而追求紧张密闭环境中带来的心理快感。这是一种在难以控制的纵火冲动支配下进行纵火行为的冲动控制障碍。

我们来主要讲一讲纵火癖。纵火癖这个词其实出现也有一段时间了，有学者认为这个词来源于法国，1833年的时候，纵火者被认为患有一种精神疾病，叫作放火偏执。提出这个概念的人叫马克，所以在19世纪的文献中，这种纵火行为被简单地称为"马克的纵火狂"。

纵火癖比较通俗的叫法是纵火狂，当然也有比较学术的叫法，叫病理性纵火，在DSM-5中，它被记录在破坏性、冲动控制及品行障碍章节，主要有以下一些判断标准：

（1）不止一次故意和有目的地纵火；

（2）行动前感到紧张或情绪唤起；

（3）对火及其具体场景（例如，工具、工具的使用、结果）感到迷恋、感兴趣、好奇或有吸引力；

（4）纵火或目击燃烧或参与善后时感到愉快、满足或解脱；

（5）纵火不是为了金钱收益，不是为了表达社会政治观点，不是为了隐瞒犯罪活动、宣泄愤怒或仇恨、改善自己的生活状态，也不是对妄想或幻觉的反应，或判断力受损（例如，主要的神经认知障碍、智力障碍、物质中毒）的结果；

（6）纵火不能用品行障碍、躁狂发作或反社会型人格障碍来更好地解释。

👽 原因与特征

这些诊断标准实际上也是纵火癖的特点，那么纵火癖的形成原因和在人群中的概率是怎样的呢？

严格意义上来说，有关纵火癖的形成原因，目前还没有一个明确的定论。但是纵火这个行为，在19世纪中期时，被医生们普遍认为与性功能障碍有关系，虽然可能当时并不清楚这些所谓的关系具体是什么，但随着精神病学和精神分析学派理论的发展，这种关系在精神分析中逐渐变得清晰，纵火与性功能有关系这种观念，也一直延续到现在。亚伯拉罕森博士在1960年于自己的研究中提到：**"纵火是一种性的替代方式，火本身具有的毁灭力量反映了行为人性欲望的强度，以及行为人病态的残忍。"**

纵火行为人可能确实如此，也许这个特征是纵火癖的形成原因之一，但是缺少相关研究数据的支持，这是为什么呢？因为纵火癖在人群中所占的比例非常小。

1982年的时候，库森和杜沃斯金做了一个寻找纵火癖的研究，他们在自己的研究样本中根据手册上的诊断标准寻找纵火癖。他们的样本全部是纵火者，其中甚至有38%的多次纵火者，但是没有任何一个有不能抵抗的放火冲动，或者是强烈痴迷于观看火焰燃烧的人，也就是说，没有一个是完全符合纵火癖诊断标准的人。

几年过后的1987年，另外两位研究者再一次进行了寻找纵火癖的研究，样本为1016名因为纵火行为而被逮捕的罪犯。按照手册中的标准，在所有的样本中，研究者只发现了2名可能是纵火癖的罪犯。这个比例其实是非常低的，而最近一项美国的调查给出了一个百分比，纵火癖仅占纵火罪犯总体的3%左右，并且被单独诊断为纵火癖的人很少，大多数人在纵火的同时还有很多其他的伴生问题出现。

不管是不是纵火癖，一次纵火，基本上就会被警方控制，所以，生活中我们几乎很难遇到这样的人，基本的人身安全也是不用担心的。

威姆和一些研究者通过2010年的调查，发现了纵火癖犯罪人身上也有着一些值得一说的特征：

（1）可能有比一般纵火者更差的家庭环境；

（2）文化程度较一般纵火者更低；

（3）有更高概率的精神类治疗史；

（4）有更高的人格障碍概率；

（5）有更高的精神类疾病概率；

（6）放火前更可能处于不清醒的状态，如醉酒状态、嗑药状态、精神恍惚；

（7）冲动控制更困难。

👽 矫正方法

对于纵火这个行为，无论是不是纵火癖，其带来的社会伤害都是很大的。火本身就存在很难控制和快速蔓延的特点，虽然纵火癖的数量很少，但是发现了也不能不去治疗，那么纵火癖目前要如何治疗呢？

由于相关研究太少，所以目前只能采取一般的治疗手段。在已知的纵火癖身上，通常看不到知罪能力，他们一般不会认为自己有病，甚至觉得自己并没有犯错，也很无辜。

必须强调一下，从精神病学的角度来说，纵火癖属于一种冲动控制障碍，而冲动控制障碍的一般治疗手段理论上来说对纵火癖都是适用的。

反思

纵火癖对于纵火前后的相关事件，都有极大的兴奋点和兴趣，如准备，点火，看着物体燃烧，享受人们的尖叫、惊恐和慌乱，这些都可以给纵火癖带来生理上和心理上的快感。

这种快感甚至会给他们带来好像性高潮一样的感觉，这是由环境反向压力带来的刺激感和紧张感造成的，就好像隐秘环境中的性行为过程一样。

真正的纵火癖数量不多，冲动控制障碍的一般治疗方法可用于治疗纵火癖。

盗窃癖

精英人士也会忍不住去偷东西？

本节我们要讲一讲盗窃癖。有没有那种控制不住自己的手，就是要偷一下，并且还挺享受偷的过程，不在乎赃物的那种人呢？

2018年4月27日，13岁的思思被诊断为病理性盗窃，就是我们通常所说的盗窃癖。思思从小品学兼优，不仅学习成绩一直名列前茅，平时还会利用课余时间积极参加公益活动，深受老师和同学们的喜欢。

2018年3月初，思思在学校被发现其长期对同学财物实施盗窃。她经常趁同学午休的时候，偷走他们的手机、钱、重要证件等物品。令人奇怪的是，思思从来不会将偷来的东西据为己有，而是囤起来或者干脆丢掉。在被问到这么做的原因的时候，思思反复表示自己并不清楚为什么要这么做，反正偷东西并不是为了钱或者是觉得这个东西好，她就是控制不住自己，明知道这样的行为是错的，也控制不住自己。

无奈之下，学校只能让思思退学，并交由其父母管教，于是其父母带她去医院进行检查，思思被诊断为病理性盗窃。

👽 知识概念

病理性盗窃，也就是盗窃癖，从前被一些研究者认为是不存在的，只是一种偷东西的借口。20世纪中期，西方一些国家的商店或商场出现了盗窃案件的集中发生现象，实施者多为女性。商场的态度很暧昧，并不想与难得来购物的顾客发生冲突，法庭也并不想将这么多平常看上去很正常的女士用盗窃罪来定罪，所以就找了一个病理性的借口，安在了她们身上。

盗窃癖在普通人群中的比例也很少，尽管盗窃这种犯罪行为普遍发生，但是行为人中符合盗窃癖条件的很少。1997年瑞典的一项研究显示，在商场盗窃被抓的50个盗窃者中，没有一个符合《精神障碍诊断与统计手册》中盗窃癖的诊断标准。那么，是不是诊断标准太严格了？我们一起来看看：

（1）反复的不能抵制偷窃物品的冲动，所偷物品并非供个人使用或具有金钱价值；

（2）临偷窃前紧张感增加；

（3）偷窃时感到愉快、满足或解脱；

（4）偷窃不是为了宣泄愤怒或复仇，也不是对妄想或幻觉的反应；

（5）偷窃不能用品行障碍、躁狂发作或反社会人格障碍来更好地解释。

以上标准差不多和我们之前讲的纵火癖属于一个框架体系，也没有太严格的条款，只是有一些标准。盗窃癖本人也可能不自知，或者说知道这种感觉也不会说出来，如无法控制的冲动这种。**2013年的时候美国有一项研究显示，盗窃癖在人群中的比例只有0.3%—0.6%；女性较多于男性，比例为3：1。**

看来病理性盗窃确实是一个比较少见的类型，多发生在家庭条件并不差，甚至还很有钱的行为人身上，他们经常到商场或者超市偷东西，所偷的东西也不值钱，屡抓屡犯，偷了东西不用也不卖，这类人就属于典型的病理性偷窃。

😈 特征表现

盗窃癖都有哪些特点呢？

首先，没有目的，也没有计划。因为盗窃癖的盗窃行为是一种病态行为，所以行为没有目的，也没有计划性，我们很难根据盗窃癖的盗窃行为分析出他们的目的是什么，且他们基本上是临时起意，可能逛着逛着商场就开始偷了。

其次，倾向于独自行动。一般都是自己去实施盗窃，我们传统认知里面的小偷，比较多的可能是那种打配合的，如一个撞你一下，另一个挤你一下，你钱包就没了；或者是上车的时候一个插队，另一个假意制止，趁乱偷走你的物品。但是盗窃癖就是自己行动，不会有任何的同伙或者是帮手。

最后，也是最有意思的一点，盗窃癖偷窃好像就是单纯地为了做出偷窃这个行为，享受这个过程。他们偷的东西都比较一言难尽。盗窃癖一般是有足够能力买东西的，所以偷来的东西对于盗窃癖来说并不是必要的。我们前面也提到了，他们一般是把偷来的东西囤起来，并不会去销赃，所以偷来的东西对他们来说也没有什么经济价值，不像一般的盗窃，行为人偷来自己使用或者是去销赃。

😈 法律知识

我觉得有必要首先谈一下盗窃行为在法律层面的问题，因为可能有人会觉得盗窃癖是一种病态行为，或许可以不用承担法律责任。那你可能就想多了。从司法实践来看，盗窃癖案件有一些不同于一般盗窃案件的特点，列举如下。

第一，犯罪嫌疑人一般具有正当的工作与稳定的收入，生活无忧，而且个别案例中的犯罪嫌疑人还是当地知名人士，社会地位较高；

第二，犯罪嫌疑人难以控制自己的行为，见到他人的物品时会情不自禁想要窃取，盗窃成瘾；

第三，被盗物品多样，不仅包括价值较高的物品，也包括价值一般的生活用品。此外，有些犯罪嫌疑人盗窃成功后不会使用或出卖窃得的物品，而是将物品囤起来。因此，这种盗窃的社会危害性比一般盗窃行为要低。

但是对于盗窃癖来说，我国法律中并没有特别的规定。如果从犯罪构成要件来看，将盗窃癖与普通盗窃行为一并认定为盗窃罪并无不妥。

刑事责任能力指的是行为人具备的刑法意义上辨认和控制自己行为的能力。精神病人也只有在不能辨认或者不能控制自己行为的时候造成危害结果，经法定程序鉴定确认的，才不负刑事责任，或者是减轻刑事责任。

那么，现实中有没有盗窃癖接受过司法审判呢？其实是有的。例如，一起因为盗窃癖被判盗窃罪的案例，这个案子中盗窃行为的实施者，是一个有留学背景且家庭经济状况较好的女白领。她的第一次盗窃行为发生在大学快毕业的时候，然后她就出国了，这件事没有人报警，也没有给她造成实质上的负面影响。留学回来开始工作后，她的偷窃行为变得越来越控制不住。后来，她去隔壁公司偷了很多摄影器材，把它们都藏了起来，没有卖也没有做其他的处理，只是藏了起来，就因为这次盗窃，她被抓了。最后，法院还是按照一般的盗窃罪对她进行定罪，根据摄影器材的金额进行了量刑。

🛸 矫正方法

了解了法律规定后，你可能会觉得，对于盗窃癖要正常定罪量刑，那盗窃癖又控制不了自己的行为，该怎么办呢？这种行为可以矫治吗？其实盗窃癖是可以通过心理治疗的方法去矫治的。

针对盗窃癖的治疗并不能完全依靠药物，目前主要还是采取配合治

疗的方式，在实践中实施治疗。由于盗窃癖的案例比较少见，所以在治疗方法的研究和实践过程中会遇到一些问题，目前在咨询层面主要是采用心理咨询、厌恶疗法、注意力以及兴趣转移等。

同时要注意的是，很多盗窃癖患者会合并有抑郁症、强迫症的情况，使用抗抑郁药物控制住患者的抑郁情绪和强迫症状后，其盗窃欲望会相应地受到抑制。

边缘型人格障碍

因为喜欢你，所以我要毁灭你？

什么是边缘型人格障碍？根据DSM-5的定义，边缘型人格障碍（Borderline Personality Disorder，BPD），是以情感失调、人际关系不稳定、自我形象不稳定及冲动性行为为特征的一种复杂又严重的障碍，通常出现于成年早期，并发生在各种背景下。

👽 知识概念

边缘型人格障碍属于DSM-5中三个大类的B类障碍，其中也附有明确的诊断标准，具体如下：

（1）极力避免真正的或想象出来的被抛弃（例如，对某人极端讨好或包容）；

（2）一种不稳定的紧张的人际关系模式，以在极端理想化和极端贬低之间交替变动为特征（极端信任与极端不信任的交替）；

（3）身份紊乱，显著的持续而不稳定的自我形象或自我感觉；

（4）至少在两个方面有潜在的自我损伤的冲动性（例如，消费、性行为、物质滥用、鲁莽驾驶、暴饮暴食）；

（5）反复发生自杀行为、自杀姿态或威胁或自残行为；

（6）由于显著的心境反应所致的情感不稳定（例如，强烈的发作性烦躁、易激怒或者焦虑，通常持续几个小时，很少超过几天）；

（7）慢性的空虚感（很害怕独处或孤独）；

（8）不适当的、强烈的愤怒或难以控制发怒（例如，经常发脾气，持续发怒，重复性斗殴）；

（9）短暂的与应激有关的偏执观念或严重的分离症状（例如，在争吵时不管事实如何都坚持认为是对方的错，并不断重复）。

很多人看到以上标准之后可能会惊呼："哇，那个×××就是这样！原来是边缘型人格障碍啊，好危险！"实际上并不是这样的，我们要区分开边缘型人格障碍和边缘型特质这两个概念。

边缘型人格障碍指的是，如果你周围的哪位朋友有以上9种表现中的5种或更多，那么他的正常生活可能就已经因为这些表现而不能继续下去了，那你就要多注意。如果你的朋友需要专业的帮助，可以建议他去寻求专业机构的帮助。

边缘型特质指的是，如果你周围的哪位朋友只表现出这9种特征中的一两种，那就不能说他是边缘型人格障碍，这个标签可不能因为一两个特点刚好对上就往人家头上乱贴，可能你这位朋友只是一个比较特立独行的人而已，他的这种情况我们称为具有边缘型特质。

🕶 特征表现

抛开这些诊断标准，边缘型人格障碍都有哪些具体的特点呢？具体的特点主要体现在四个方面：情感失调、冲动性行为、人际关系不稳定、认知问题。

情感失调。根据调查研究，边缘型人格障碍患者的情感失调主要表现为，**特别在乎别人对自己的评价，异常敏感，并且无缘无故地觉得很多人说的话不可信。**他们的情绪变化也非常快，很像川剧中的变脸，瞬间就从白的变成黑的，又很像坐过山车，起伏不定。如果你问他们为什么会这样，大部分人其实都说不出原因，而且自己会因为想知道但是又找不到答案而进入一个循环。很多边缘型人格障碍患者会因为自己的情感失调而感到非常痛苦。

冲动性行为。主要指的是，**极端敏感和情感控制问题导致的一种经常发生的冲动表现**。当他们遇到一些负面事件或是挑衅的时候，总是想要找到马上就能得到的反馈，所以不会考虑太多后果，就去冲动地做出一些行为。比如，情感爆发时会突然对人实施暴力攻击，疯狂嗑药，或者是暴饮暴食；更让人担心的是，他们会出现自杀、自伤等针对自己的伤害行为，自杀率高达10%，是普通人的50倍。这个比例在青少年边缘型人格障碍中更高，48%—65%的患者会出现自杀或自伤行为。

人际关系不稳定。主要表现为在**极端信任与极端不信任状态之间的快速不稳定转换**。他前一秒是相信你的，后一秒就对你有严重的怀疑。尤其在情侣之间，这种不稳定的状态更容易带来伤害，可能前一秒他还在说相信你、爱你，后一秒就觉得你出轨了，暴怒地说"我要杀了你"。

另外，边缘型人格障碍患者不能一个人待着，孤独感会杀了他们，所以他们要不断地与别人建立新的关系，但是这个关系又因为其表现出的这种特点而不稳定，通常都是很浅表的关系网，说断就断，没有真正理想的那种走得很深的朋友以及很牢固的友谊。而在亲密关系里则表现为不断地更换伴侣，既依赖又抗拒，是很矛盾的心理特点。

认知问题。认知问题也是值得关注的一个方面。**边缘型人格障碍患者的认知很有特点，有点像绝对化的道德观，认为非黑即白，没有中间的阶段，也没有中和的阶段**。他们的认知的转变速度也很快，可能今天觉得你是个好人，明天就觉得你非常差劲，而这种认知也并不是只对别人进行，患者对自己也会时不时地进行自我贬低；他们看待事情也是如此，非黑即白，没有中间选项。

🛸 原因分析

看起来边缘型人格障碍对一个人的生活影响非常大，那么如此严重的障碍是如何产生的呢？主要有以下几个方面的原因。

童年创伤。目前讨论比较多的方向认为童年创伤是边缘型人格障碍产生的主要原因。根据客体关系理论，边缘型人格障碍是由于患者在幼年时与其养育者之间的互动和关系出现了严重的偏差。研究显示，有20%—40%的边缘型人格障碍患者在童年时期有与父母分离的创伤性经历，如很早就经历父母去世或是父母离异的痛苦，而40%—70%的边缘型人格障碍患者则有过被性虐待或是躯体虐待的经历，并且这些虐待和边缘型人格障碍的严重程度有关。[①]

生物学因素。有研究发现，大多数边缘型人格障碍患者存在大脑激素分泌与代谢状态失衡的现象，如血清素和多巴胺等神经递质的代谢发生了紊乱。

遗传与神经性的因素。对边缘型人格障碍患者的家系进行研究发现，边缘型人格障碍有很高的遗传可能性，并且边缘型人格障碍患者的脑电波多呈现异常的活动状态。

🛸 犯罪分析

边缘型人格障碍会影响犯罪行为吗？答案是肯定的。有研究认为，**边缘型人格障碍患者可能倾向于使用极端形式的暴力**。该项研究把暴力犯罪人和非暴力犯罪人进行对比，发现暴力犯罪人的边缘型人格障碍的测试得分更高。边缘型人格障碍患者有很多与极端暴力相关的特征，包

---

① Joel Paris, Childhood Precursors of Borderline Personality Disorder, *Psychiatric Clinics*, March 1, 2000, Volume 23, Issue 1, pp. 77–88.

括容易冲动、紧张的人际关系和情感不稳定，这些都使边缘型人格障碍患者容易产生暴力犯罪的动机和行为。

也就是说，相比普通人群，边缘型人格障碍患者在罪犯群体中更容易出现。国内一项针对男性犯罪人的研究发现，21.2%的男性犯罪人患有边缘型人格障碍；而国外一项针对女性犯罪人的研究则发现，其中有25%的边缘型人格障碍患者。

患有边缘型人格障碍的犯罪人经常因为情绪激动、容易被激怒，导致自动化的情绪反应过于激烈，容易使他们实施暴力犯罪，并且大多数是没有预谋的突发犯罪，这甚至比反社会型人格障碍患者的犯罪更加严重。

因此，边缘型人格障碍患者是值得关注的一个群体，以情感失调及冲动性行为为显著特征，他们具有较高的攻击水平，在情绪刺激下更容易实施暴力犯罪。

😈 应对方法

我们要注意，如果身边恰好有患有边缘型人格障碍的朋友，我们要做的就是与其**保持社交的边界感**，不要与其太过亲密或者让双方的圈子高度重合；同时也需要给予他们一定的支持，如要表示出对其行为和状态的理解，尽量不要指责他们；如果遇到其情绪爆发，一般情况下可以选择的方式就是离开，然后通知其家人来陪伴。

如果你在亲密关系中发现对方有这样的情况，就一个建议，在保证安全的情况下，尽早分手。

需要注意的是，最有效的方式就是**建议边缘型人格障碍患者寻求专业的帮助**，切记不要试图通过个人的努力让边缘型人格障碍患者康复，这基本上不可能，你自己也可能搭进去。

病理性赌博

输到倾家荡产，赌徒为什么依旧执迷不悟？

赌博是一件让人很头疼的事情，有些人可能尝试一下，输了几次就止步了；但是有些人，好像着了魔一样，赌到停不下来。本节我们就来讲一下"停不下来"的病理性赌博。

你可能会觉得奇怪，赌博就是赌博，赌博的人只有一种心态，就是希望来钱快，输了就再赌，看看能不能翻个身，搏一搏"单车变摩托"。怎么还有病理性的赌博呢？

🛸 知识概念

病理性赌博又称嗜赌成瘾综合征，是一种持续需要赌博的心理状态。病理性赌博的人，尽管清楚明确地知道赌博可能带来的伤害和负面影响，但是控制不住自己去想或者去做和赌博相关的事情。病理性赌博属于一种冲动控制问题，患者往往会出现一些与其他药物成瘾的人类似的症状。

针对病理性赌博的研究其实在1920年左右就已经开始了，但是当时针对这种情况的研究只局限在精神分析的领域，他们往往被当作特殊案例来分析。

为什么要研究病理性赌博？一个原因是**病理性赌博有着顽固和高复**

发的特点，一旦出现这样的障碍，患者就会不顾一切去赌博，就算是输光了，哪怕是贷款、抵押，甚至是乞讨，都必须去赌博翻本儿。

另一个必须研究它的原因就是**病理性赌博影响人数众多**。美国的一项研究统计并预测了病理性赌博患者在总人口中所占的比例——高达3%。而加拿大在1998年对1200名居民的调查中发现，病理性赌徒的比例在安大略省居然有8%，特别严重的情况也有1%。

在性别差异方面，病理性赌博患者中，男性比女性多很多。病理性赌博的男性终身发病率是0.6%，而病理性赌博的女性终身发病率只有男性的1/3—0.2%。

既然这个问题如此严重，那么它的诊断标准是什么呢？

DSM-5中明确列举了病理性赌博的一些诊断标准，具体如下：

（1）脑海中经常被赌博的事情充满，沉溺于以往赌博的经验，随时做好下次赌博的准备，并想尽一切方法筹集赌本；

（2）需要逐渐加大筹码才可达到赌博的刺激（如去赌场玩老虎机，病理性赌博的人是看都不会看的，不可能一直在那里玩老虎机，因为这个筹码太小了，对他们来说不够爽）；

（3）多次尝试控制，减少赌博次数或戒赌，但都不成功（其实他们自己也是想改变的，只是多次尝试都不行，就好像药物成瘾一样，即使在强制戒除之后，还是有较高的再次成瘾概率）；

（4）当减少或停止赌博时会感到不安或烦躁（病理性赌博也会有戒断反应的出现，好像戒除任何有上瘾性的物质一样）；

（5）以赌博来逃避一些问题或借以暂时疏解不快的情绪（赌博是他们发泄无助、内疚、焦虑和抑郁等负面情绪的唯一手段）；

（6）每当赌输后，会再赌，希望"追"回所输掉的；

（7）向家人、辅导人员或其他人隐瞒自己的赌瘾（有时候并不承认自己有过于夸张的赌博行为，或者是把程度说得很轻）；

（8）为筹集更多的赌本而做出非法行为，如诈骗、伪造和偷窃等；

（9）因为自己的赌博行为而伤害或丧失重要的朋友、亲人，失去工作、事业或受教育的机会，又或与家人发生争执或暴力伤害事件；

（10）因赌博而债台高筑，要依靠别人提供金钱上的援助。

🛸 形成过程

可能你会说，我有一个朋友，经常往赌场所在的城市跑，隔一段时间去一次，他肯定是病理性赌博，我要叫他去看看！如果你的朋友符合我们讲到的上述10条标准中的5条或更多，那他可能就要去看看了。你可能又会问了，病理性赌博不会是天生就有的吧，小孩子生下来都没这个概念的，这个当然没错，病理性赌博的形成有一个过程。

有关病理性赌博形成的过程，研究者把它分为三个阶段，具体如下。

第一阶段，赢钱。赌博者刚开始的时候只是抱着试试或是娱乐的心态才去赌两把。但是，发现不小心赢钱了！这个钱来得这么快，比投资什么的强多了，于是就加大赌注，以寻求更大的回报，这个时候这个人对赌博的结果还是盲目乐观的，处于很天真的阶段。

第二阶段，输钱。赢钱的日子一去不复返了，开始经常输钱，这个时候赌博者可能会找各种理由来安慰自己，如手气不好啦，日子不对啦，或者是这桌的气场不适合自己，等等。这个时候，赌徒的脑子里会形成一种不甘心的感觉，觉得之前都能赢，那必须得回本儿，再赌一把一定可以赢。于是一把之后接着一把，越陷越深。

为了回本儿，赌博者会想尽一切办法筹集赌资，如借钱、借高利贷、抵押等，这些钱基本上一到赌博者的手里就立刻上了赌桌，变成筹码。但是，老是这么沉迷也不行啊，背了很多债务，社会关系也损坏了，工作可能还会受到影响。

第三阶段，绝望与沉迷。债台高筑，但是依旧寄希望于赌博可以回本儿。周围的人都被借怕了，赌博者利滚利也还不起。既然正常手段不行，那就只能考虑非正常的手段了，违法犯罪的可能性就会增大。

🛸 特征表现

病理性赌博的人都有哪些特点呢？

首先，他们不考虑社会规范和道德取向，没有道德感；缺乏责任感；无视别人的评价和反应，不理会别人的看法与劝说；容易发怒且急躁，缺少耐心；适应性差，固执倔强；容易焦虑紧张。

其次，他们经常会出现犯罪问题。有研究指出，每一个病理性赌博者身边，可能至少有10个受害人，其伤害甚至可延及三代——父母，自己、配偶及兄弟姐妹，儿女。这些伤害肯定不单单是金钱上的；赌博者为了筹集赌资，可能会去盗窃、抢劫、诈骗，什么来钱快干什么，还可能做出暴力行为，如虐待、自杀等。

🛸 法律知识

赌博本身算不算犯罪呢？按照我国《刑法》第三百零三条第一款和第二款的规定，以营利为目的，聚众赌博或者以赌博为业的，处三年以下有期徒刑、拘役或者管制，并处罚金。开设赌场的，处五年以下有期徒刑、拘役或者管制，并处罚金；情节严重的，处五年以上十年以下有期徒刑，并处罚金。而如果只是参与赌博，只属于违法行为，不算是犯罪行为。

🛸 应对方法

目前针对病理性赌博的治疗方法，主要是药物治疗加心理辅导。药物治疗主要是控制不安和失落情绪；心理辅导主要是通过认知行为疗法来扭转认知，加强行为控制。

如果不幸，你的家人或者朋友，出现这样的情况，应该怎么办呢？第一，增加陪伴时间，你可能要时刻陪在他身边，通过陪伴来改善、控制他的行为，告诉他这种行为的伤害性。第二，也是很重要的一点，就是求助专业机构，去进行药物治疗和心理辅导。

表演型人格障碍

表演型人格障碍会给犯罪带来哪些影响？

🛸 知识概念

本节我们来讲一种非常迷恋追求他人注意的障碍，没错，就是表演型人格障碍。表演型人格障碍是怎么定义的呢？

让我来打开厚厚的DSM-5：**表演型人格障碍是一种过度的情绪化的和追求他人注意的心理行为模式**，通常出现于成年早期，并发生在各种背景下。

表演型人格障碍同样属于DSM-5中三个大类的B类障碍，其中也附有明确的诊断标准，具体如下：

（1）在自己不能成为他人注意的中心时，感到不舒服；

（2）与他人交往时的特点往往带有不恰当的性诱惑或挑逗行为；

（3）情绪表达变换迅速而表浅；

（4）总是利用身体外表来吸引他人注意；

（5）言语风格是令人印象深刻但缺乏细节的；

（6）表现为自我戏剧化、舞台化或夸张的情绪表达；

（7）易受暗示，容易被环境或他人影响；

（8）认为与他人的关系比实际上更为亲密。

放在亲密关系里面来看的话，这听起来好像是一个自我评价很高但是又走偏路线的花花公子的画风，就是以各种方式去吸引别人的注意，然后可能还经常错误地估计别人的反馈。

🛸 关键区分

说到这里，可能朋友们又要开始惊呼了："啊，那个谁，就身边那个谁，肯定就是这种！"其实真的没这么严重，我们依旧要区分表演型特征和表演型人格障碍。

如果你周围的哪位朋友有以上8种表现中的5种或更多，还经常沉浸在自己与他人的关系意淫状态中，那么他可能需要专业的帮助。

如果你周围的哪位朋友只符合这8种表现中的一两种，那就不能说他是表演型人格障碍，这个标签可不能因为一两个特点刚好对上，就往人家头上乱贴，他只是过于自信、喜欢博关注而已，而这种可以说是具有表演型特质。

🛸 特征表现

抛开以上诊断标准，表演型人格障碍患者都有哪些具体的特点呢？《演员》这首歌里有句歌词形容得比较恰当——"该配合你演出的我演视而不见"。

表演型人格障碍的第一个特点就是喜欢引人注意，而且喜欢不懂装懂，糊弄别人；非常喜欢表现自己，并且表演是有一定水平的，有些人甚至对展现自己给周围的人看非常在行，不缺乏感染力。这类人非常能够引人注意，因为他们经常表现出过分做作和夸张的行为，目的就是引人注意。他们只有在聚光灯下才能感受到舒服。

表演型人格障碍的第二个特点就是他们都是"表面动物"。表演型人格障碍患者有自己特殊的认知方式，这种方式表面且肤浅，如仅凭借外表和穿着就评价一个异性的生活状态或是交友倾向：女性穿得少，他们会觉得她生活放荡；女性对他们友善，他们可能就觉得对方对自己有意思。对于表演型人格障碍患者来说，细节和本质并不重要，因此他们对事物的认识比较肤浅、散漫和印象化。

表演型人格障碍的第三个特点就是游戏人间的情感状态。他们情感丰富，热情有余，稳定不足；情绪炽热，但不深。因此，这类人情感变化无常，容易激情失衡。是什么意思呢？比如，他们会一下子爱上某个女性，但是交往一段时间之后，爱的感觉没有了，就会想着换一个女朋友。这种状态会不断循环往复，所以他们可能会不断地换伴侣，又不断地一见钟情。

对于轻微的刺激，他们可能会有情绪激动的反应，如大惊小怪、咋咋呼呼，缺乏固有的心情，情感活动几乎都是反应性的。由于情绪反应过分，往往会给人一种肤浅、没有真情实感和装腔作势，甚至无病呻吟的印象。但是，他们表面上又会表现得温暖、聪明、令人心动。女性患者往往天真地展示性感，用过分娇羞来吸引他人的不自觉关注。

"宇宙中心"的他们和作为棋子的我们。表演型人格障碍患者喜欢被别人注意和夸奖，喜欢成为"宇宙中心"，或者自己创造一个宇宙，如果有人夸奖、赞美、投其所好，或者是围绕其转来转去，那么他们会非常开心。但如果情形不是这样呢？如果你当着众人的面不理会他们，那么他们会表现出攻击行为。

对于表演型人格障碍患者来说，可能我们都是棋子，因为他们有很多的办法让我们去按照他们的意向做事情，或者是接纳他们的意见，如采用"一哭二闹三上吊"这种历史悠久的手段，或者是采用欺骗、威胁、强求的手段，又或者是发送像夸夸群里的那种糖衣炮弹。

关于棋子这一点，值得一提的是，表演型人格障碍患者在亲密关系里，可能会出现操纵性的自杀威胁。比如，动不动就威胁对方"你要是不怎么怎么样，我就死给你看"，然后拿个剪子抵住自己；或者是通过轻微自伤的形式达到自己的目的，如用小刀划一下胳膊，然后拍个照片给另一半看。他们可能并不是真的想死，只是习惯了用这种方式来表达情感。

🕶 原因分析

看到这里，你可能会觉得这个类型的人格障碍患者有可能是吸引人的异性、不成功的游戏人间者，或者是集权式领导者，而这种人格障碍的发病率在人群中为2.1%—3%，女性略高于男性。为什么会有这样的情况呢？

一个原因是心理依恋发展异常。目前针对表演型人格障碍的研究并没有其他类型人格障碍的研究那么多、那么深入，但是依旧有一些研究表明：感觉神经的发展和心理依恋是从人出生到1岁半这个阶段的主要发展任务，人在这一阶段的成长发展可能对表演型人格障碍的形成起着关键的作用。在这一发展阶段，若外界刺激过度就会导致孩子的过分敏感和心理依恋程度日益增强。

另一个原因是父母不当的教养方式。有研究发现，在早期的家庭教育中，如果父母给孩子提供过度的保护，造成其生理年龄与心理年龄不符，那么孩子的心理发展水平会严重滞后，停留在少儿时期的某个水平，因而表现出表演型人格特征。单亲或父母关系差也是表演型人格障碍形成的重要因素。甚至有针对表演型人格障碍的研究表明，父亲受教育程度高的孩子出现表演型人格障碍的危险性要小于父亲受教育程度较低的孩子。

🕶 犯罪分析

表演型人格障碍会影响犯罪行为吗？答案是会有影响，但是并没有我们之前说的边缘型人格障碍的影响那么严重。因为表演型人格障碍的一些特点，如患者想成为"宇宙中心"、不考虑他人感受或者是情感放纵、追求刺激、易受暗示等，都有可能**引起暴力犯罪、财产犯罪和群体犯罪，以财产犯罪尤为显著**，如诈骗和盗窃，这类型的障碍在罪犯中的比例为6.98%—25.7%。

另外一个犯罪之外的方面需要我们关注，就是这种人格障碍类型在亲密关系中所带来的伤害，不算犯罪，但是，对情感和道德层面的伤害会很大。这类人与异性的关系往往飘忽不定，并且会不断地更换伴侣。这是我们在生活中需要多加注意的。

👽 应对方法

如果你周围有我们所说的表演型人格障碍患者，你可以尝试按照下面的方法来做：

（1）要正确理解表演型人格障碍患者的真正目的，如果他想要的是认同和关注，那就不妨给予一些，对我们来说也没有什么损失。

（2）尽量不要与表演型人格障碍患者建立亲密关系，不要觉得这个人好迷人，短时间之内就与他在一起。表演型人格障碍患者的热情退得很快，这会给你自己带来情感创伤。可能对于正常的恋爱交往来说，确认关系之后，双方会逐渐进入热恋阶段并且持续一段时间，可表演型人格障碍患者的这个阶段很短，很快就会过去，你还在恋爱的甜蜜中，他就想着分手并寻找新的伴侣了。

（3）以尽量平缓合适的方式去提出自己的不同意见，避免正面争吵导致对方情绪激动带来其他伤害。

（4）如果对方是和你很亲近的人，如重要的家人，那么，不要试图以自己的能力改变他们，要做的仍然是寻求专业的帮助。

本能反应

为什么很多人遇到犯罪时会全身僵硬，无法动弹？

　　本节我们主要讲一讲受害人或者是我们在遇到危险时的心理，首先来聊一下本能反应。

　　当我们遇到犯罪或是疑似犯罪的危险的时候，我们最大的感觉是什么？个人觉得，恐惧一定是第一位的。有些人说"我不怕"，其实说的不是你主观上怕不怕，而是你的躯体会表现出怎样的本能反应。

　　你是不是曾经体验过这样的场景：当遭受犯罪或者是威胁的时候，本来想跑，但是发现当下自己其实不能动，肢体处于一种僵直状态，腿很沉。比如，有一些强奸犯罪的新闻报道，当你关注到细节的时候，可能会奇怪，被伤害的女孩当时怎么不反抗？

　　在这里，我要讲一个有关偷窃我母亲的亲身经历。我上高中的时候，我母亲背着一个小包去买菜，在天桥上的时候，被人偷了钱包。她的手机是抓在手里的，后来就给我打电话，情绪很激动，不停地在哭，一直在说刚刚发生的事情。这是应激状态下的一种情绪抒发。她告诉我，她感觉到小偷在偷自己的钱包了，并且也看到了，但是在那个时候，她是蒙的，过了大概1分钟才反应过来钱包被偷了。她亲历了那个场景，当时并没有呼救，也没有拽包，没有采取任何的补救措施。她当时就是什么都不知道，大脑一片空白，想动也动不了。

　　可能有人看到新闻会说，强奸案的受害人应该赶快跑啊，跑得越快越好。但是受害人没有跑，就好像我妈那样，愣住了。一直站在那里，就会被人攻击。在这里，我请读者和我一起想一个问题：真的是受害人自己不跑吗？还是说她就是僵住了跑不动呢？

🛸 知识概念

其实我们今天要讲的，就是这个问题。**有一种感觉传导顺序：危险带来了恐惧，恐惧带来了本能反应。**丹尼尔在《恐惧的科学研究》（*The Science of Fear*）一书中生动地阐述了这种困境："**我们身处有史以来最健康、长寿又富有的时代，但恐惧却不减反增。此为这个时代最大的矛盾。**"

这里说的恐惧是普遍化的恐惧，我们对特定的环境或事物肯定都会产生恐惧，每个人都不一样。比如，有些人怕黑，有些人恐高，有些人怕水，甚至可能昆虫也会让一些人感到恐惧。**这些恐惧源于人类生活在原始社会时在野外生活的状态，是人类适应大自然的本能反应。**

可以注意到，恐惧的对象，基本上每个人都不一样，但是唯有一种非自然的因素，是会引起几乎所有人的恐惧的，那就是犯罪行为带来的危险。其实到这里我们就可以稍微理解刚才提到的感觉传导顺序，**不是犯罪行为引发了我们的本能反应，而是犯罪行为引发了我们的恐惧，而恐惧引发了我们的本能反应。**

恐惧，是什么呢？

心理学教授艾比盖尔是研究恐惧的专家，他简单地把恐惧定义为**我们预期潜在伤害的心理**。其实就是我们在面对危险因素的时候，脑中对可能造成伤害程度的判断带来的心理压力。造成的伤害程度越大，我们的心理压力就越大，就会表现得越恐惧。

🛸 生理基础

恐惧是一种心理判断和预期。那么恐惧是从哪里产生的呢？我们知道，所有的感觉都是大脑不同区域生成的反馈，恐惧肯定也是可以在大脑里找到一个相对应的负责区域的。没错，有一个区域专门负责恐惧，它是一个很小的部分，但是产生的力量很多时候可以摧毁我们的行动力。

促使恐惧产生的核心区域，其实是脑中的杏仁核。杏仁核的形状与大小和杏仁的核很像，我们可以把它理解为一个汇总装置，所有的可能引起恐惧的信息都会汇总到这里。我们的感受路径不止一条，如综艺节目上那种吓人箱的游戏，把手伸进箱子里面摸东西的时候，你的感受路径是什么？有手的触觉参与，也有眼睛和耳朵的参与。因为你看不到，所以体验到一种消极的恐惧；耳朵则一直在接收周围环境的渲染信息，如周围有人大喊"哎呀""快摸到了""哇""好可怕"，等等；还有你的手触摸到了让你觉得奇怪的东西，会本能地恐惧。这些感受路径带来的恐惧最终都来到杏仁核的位置集中起来。

信息来到杏仁核后进行汇总，大脑会释放出神经传导物质，将关键信号传递至大脑其他部位及全身。这些都是在一瞬间完成的，并在很短的时间内就可以表现在我们的肢体上。

👽 特征表现

恐惧会带来什么样的本能反应呢？

受到惊吓时，人一开始可能产生数种不同的本能反应，包括弹开，就是我们平常所说的"吓一跳"；挥手遮挡或者是拍打；四肢瘫软；发抖；尖叫，以及我们最常听到的"愣着干吗"，也就是肢体的僵直。

看到这些反应的时候，你可能会觉得，好像只有拍打才算得上主动行为，其他的好像都显得很无力。那么为什么遇到危险时，有些人能够很迅速地跑掉，甚至有可能还会与犯罪分子正面去刚呢？

严格来说，**恐惧反应是先天本能加上后天习得的混合反应。**研究者通过研究了解到，来自杏仁核的信息会传递到边缘系统灰质，这个区域会诱发人类在受到突然的威胁或者犯罪的侵害时，不由自主地弹跳或僵直，并且人很难去控制这种反应，因为这种反应具有某种演化意义。我们的祖先在遇到极端危险的情况时，首先选择保持不动的原因，是这个时候有大的动作可能会引起掠食者的快速攻击。

比如，登山的时候，你可能会看到警示牌上写着"熊出没，注意"。在登山之前，也一定会有安全培训，安全培训中最重要的一条就是告诉你，如果遇到熊，你的反应应该是什么。有的人说要拔腿就跑，那你跑得有黑熊快吗？人类惊恐时的第一个反应是僵直。当然，如果这招行不通，下一步就是"走为上策"了，除非你选择留下来正面迎击。

拆开来看，**行为中间是有一个判断的间隙的。**如果我们真的判断犯罪行为会带来危及生命的重大威胁，便会选择**战斗或者逃跑。**后天训练会让我们去评估敌我双方的实力，如果自己很自信可以反击，那么肾上腺素就会给我们带来反击的可能；如果评估之后发现自身实力差太多，就会选择逃跑。

你可能会疑惑："我怎么能在当下判断得那么快呢？"**其实人在遇到犯罪这类的危险的时候，大脑会分泌出很多多巴胺类物质，这类物质会让我们在短时间之内精神高度集中，以便迅速判断当下的形势。**这种判断是一瞬间发生的，并不像我们思考吃什么、买什么那样有一个明显有意识的思考过程。

你可能已经意识到一点了，这个过程是分为好几个阶段的，而很多犯罪行为的受害人是在面对犯罪产生恐惧的第一个本能阶段，就已经被犯罪行为人实施了侵害，他们甚至都还没有来到反抗或逃跑的阶段。所以并不是说受害人不想跑，而是很多时候在那样的情形下他们根本跑不了。

其实，不仅仅是强奸的受害人会有不反抗的反应出现，在其他类型的暴力犯罪中，如暴力抢劫、凶杀，甚至是盗窃，受害人都可能出现身体僵直、来不及反抗就被伤害的情况。

有一个很有意义的案例，我想特别提到，因为这个案例说明了杏仁核与恐惧带来本能反应之间直接的关系。这个病例是一个罕见的杏仁核功能病变案例。

得了这个病之后，女患者丧失了恐惧的情感状态，任何可能造成恐惧的事物都不能给她带来恐惧，也就是说，她没有恐惧的反应。相反，她会进一步去接触这些事物。她不会因为恐惧而出现本能反应，如僵直、战斗、逃跑等，所有这些反应在她身上都不会出现。比如，我看到一条蛇，我很害怕，躲得非常远；但是这名患者不会，她会直接走上前，想去摸那条蛇，或者是抓那条蛇。因为她的恐惧产生的通路被破坏了。

忍耐心理

别人都动手伤害你了，你怎么还不好意思反抗？

我们会听到老一辈经常说，忍耐是一种可贵的品质。在生活的某些方面，这是不可否认的，但是对遭受到犯罪行为伤害的一些受害人来说，他们的忍耐心理却显得让人无法理解。

🖤 现象分析

在现实生活中，我们其实面临着很多涉及公平的问题。**很多受害人选择忍耐，其实是因为担心事情得不到公正的处理。**这种顾虑并不是没有道理的。可以注意到的是，忍耐心理一般出现在具有相对隐秘性的犯罪行为中，如入室盗窃、亲密关系暴力犯罪、一些类型的性骚扰，甚至是性犯罪。这种类型相对隐秘的犯罪行为又分为有社会关系基础的隐秘性犯罪和没有社会关系基础的隐秘性犯罪两种。比如，入室盗窃这种类型中就几乎不会存在社会关系基础。

首先，对于有社会关系基础的隐秘性犯罪，我们来看一个例子。某年的5月，《日本经济新闻》做了一个社会调查，这个调查针对的是日本职场性暗示和性骚扰的应对方式，只围绕一个普遍应对心理展开，就是忍耐。为什么受害人会产生忍耐心理呢？

我们来看看这个社会调查的数据。日本厚生劳动省针对1000名日本职业妇女进行的一项职权骚扰调查显示，有超过60%的日本女白领，在职场上遭到性骚扰或者是性暗示时选择了忍耐，只有18.4%的人会当场向行为人提出抗议或明确表示不喜欢这样的方式。大多数选择忍耐的人的理由是担心工作会受到影响。

忍耐心理产生的原因主要有以下几个方面：

（1）在有社会关系存在的前提下，选择忍耐的一个原因是担心说出来后社会关系会受到影响，如工作不好做下去，或者是没有办法继续做朋友。

（2）在有社会关系存在的情况下，行为人和受害人一般都存在利益上的牵连，所以受害人担心说出来后，自己反而没有办法控制事情的发展。

（3）还有一点，就是受害人认为自己即使说出来，问题也不会得到很好的解决。

在日本的这项社会调查里，只有17.6%选择说出来的受害人表示，在说出来之后，问题确实得到了有效的解决；有28.6%的人表示，说出来没有用，因为情况并没有任何的改善；另外还有超过一半的人认为，说出来之后情况是有改变的，但是改变真的不大。既然说出来没有很好的结果，又会有很大的概率毁了现有的一些利益，那不如选择忍耐好了。

可能大家会觉得，这也许和日本的社会形态有关系，换个地方就会不一样了。那我再举个例子，我们前面讲到过亲密关系暴力的问题，现实的情况大多是，你和别人说了，问题不一定能够得到解决。其实这个问题报警也不一定能够得到有效解决，而且基于这种社会关系基础，很多人会觉得说出来，解决得了最好，若解决不了，那么情形会更加恶劣。

其次，对于不具有社会关系基础的隐秘性犯罪，如入室盗窃和一些典型的性犯罪，受害人很多时候都会表现出忍耐心理，周围的人也不太能理解他们的一些表现。

其实，当你真正经历那样的情境的时候（当然希望大家永远不会遭遇到那些），也许就会明白为什么会有忍耐心理产生了。

趋利避害的选择会形成忍耐心理。 我们注意到，在相对隐秘的犯罪行为中，受害人和公开犯罪行为的受害人的区别是，公开犯罪行为的受害人会选择逃跑、大叫、反击等明显的手段反抗；而大多数的相对隐秘的犯罪行为的受害人，在受害当下都不会选择这些行为，而是选择忍耐，也就是基于犯罪行为人和自己实力的一种预测判断带来的忍耐。忍耐心理中包含这样一种预测判断——相对隐秘犯罪行为的受害人在受害当下会预测犯罪人的行为并思考双方实力的差距，由于是隐秘性的犯罪行为，如入室盗窃或是性暗示和骚扰，它是有一个过程的，所以不会像公开犯罪行为那样突然发生，让你来不及思考或判断过程较短。**受害人在预测之后，如果觉得和对方的实力差距太大，自己反抗成功的可能性不大，那么就会选择当下忍耐，后续再报警处理的模式。**

需要特别强调的是，如果预测反抗成功的可能性不大之后，还在受害当下贸然做出一些行为，可能会刺激到犯罪人，受害人有可能陷入更大的危险之中。

👽 应对建议

如果遇到危险，已经产生了忍耐心理，该怎么办？

第一，在有社会关系存在的前提下，要清楚地认识到，这段关系对你的实际的意义和价值所在，你要有一个很清楚的权衡，它带给你的是好处多还是困扰多。一旦一个社会关系出现了这样的问题，这种社会关系就是垃圾社会关系。它有用吗？你需要认真考虑。在这个问题得到明确的答复之后，忍耐的心理可能就会从你的意识里面减弱一点。

第二，如果你选择继续忍耐，就需要认识到一个问题：自己因为忍耐而产生的负面情绪一定要找到一个发泄的渠道。如果你选择去忍耐，那么能够找到的发泄渠道是什么？每个人的情况不同，可能有些人会找专业机构去诉说，寻求专业机构的帮助；有些人会跟亲戚朋友诉说，寻求他们的安慰。

但是，我想要告诉大家，一旦遭遇了这样的情况，尽量不要去忍耐，在做好准备的情况下，你可以站在不忍耐的前线。

恐惧心理

明明有机会求助，却任由歹徒摆布，是怎么回事？

前文我们提到过恐惧的心理学概念，**恐惧是我们预期潜在伤害的心理，其实也就是我们在面对危险因素的时候，脑子里对可能造成伤害程度的判断带来的心理压力。**可能造成的伤害程度越大，我们的心理压力就越大，越会表现得恐惧。

👽 **现象分析**

我们已经知道，恐惧可以触发我们的本能行为，使我们在受害当下出现僵直，并不能立刻做出判断。那么抛开僵直这种本能反应，恐惧还能带来什么呢？我们先来看一个让人心疼又无奈的案例，这个案例甚至看上去有一些离奇，它发生在2006年。

2006年8月10日，50岁的李某一个人去探望生病的朋友。在朋友家，她见到了耿某，两个人在朋友家待了一会儿，受害人李某觉得耿某有些奇怪，好像不是什么好人，老是打量自己，于是和朋友说家里有事要先走，然后就离开了。

耿某在李某离开不久后也出了门，跟在李某身后。这一切，李某都没有察觉。正当李某觉得安心了很多，打算步行回自己租住的房子时，在一条有点偏僻的小路上，耿某趁着四下无人，突然从后面冲上来，在李某还没有来得及呼救的时候，用随身携带的刀顶住了李某的脖子，并要求李某跟自己走，李某没有办法，只能服从。

耿某提出的要求让人匪夷所思，他要求和李某一起去她的家里。李某与儿子同住，但还有一个额外租住的地方。李某担心儿子受到伤害，就把耿某带回了自己的出租屋。耿某居然住了下来，并且不让李某离开。耿某一住就是五天，其实在这期间李某有很多机会逃走，但是她没有。

随后耿某把李某带到了一个村子，因为身上的钱用完了，就叫李某出去卖淫给自己赚钱，李某开始不同意，但是耿某不断殴打李某，并用她儿子的安全来威胁她。最终李某在这样的情况下与他人进行了三次性交易。耿某拿到了所有的钱，之后李某不愿意再进行性交易了，耿某就强迫李某和自己一起去偷东西。

自2006年8月10日从朋友家出来，到2006年11月18日被解救，李某已经被拘禁了将近一百天，其间，耿某带着她换了五次住处，并一直强迫她实施各种违法犯罪行为。但是在这期间，受害人李某没有一次想过要报警，11月18日报警是因为忍无可忍，才求路人报警。李某被解救的时候，耿某逃跑了。

李某被解救出来后和儿子住在一起。民警问她是否需要警方帮助的时候，李某竟然说不用了。她本来以为事情就这样结束了，但事情并没有结束。

耿某找到李某及其儿子的住处，整天来骚扰。李某担心自己和儿子被报复，就连夜搬了出去，但是依旧没有摆脱耿某。半年后，李某在大街上遇到了耿某，耿某又把李某抓起来拘禁了三天，直到他带李某出去"挣钱"的时候，李某不愿意，于是耿某当街暴打李某，被路人制止并报警，耿某才被抓获。

大家是不是发现，受害人李某有一个很奇怪的行为，就是明明有很多机会可以逃跑却不逃跑；明明有机会可以报警却主动放弃报警。这是为什么呢？记者对受害人李某进行了一个简单的采访：

记者：耿某打你时，你怎么不反抗？任由他这么打，也不呼救？

李某：我不敢反抗。

记者：被拘禁这么多天，被各种虐待，做各种不愿意做的事情，没想过逃跑吗？

李某：我恨不得飞出去，可我不敢。

记者：为什么不敢？

李某：他说，我要是不听话就报复我和我儿子。

记者：你第一次逃脱后，耿某来找你，你为什么不报警呢？

李某：我害怕他报复。

我们注意到，类似的案件中，有两个因素出现的频率很高，一个是环境，还有一个是报复，这两个因素是联系在一起的，类似的新闻还有很多。

🛸 原因分析

类似的案例都有一个共同点，就是环境相对固定，受害人怕被报复而不敢报警。相对固定的环境，如一个村子、一个学校、一个城市，环境的边界感很强。有的案例中有环境背景中涉黑的，除此之外并没有任何额外压力因素存在。包括李某和耿某的这个案例也是一样，我们可以回想一下这个案例是不是满足这样的特点，环境边界有很强的体现，都在一个镇子或村子。

那么此类案件的第一个因素就是环境相对固定，环境越固定、边界越明确，受害人害怕被报复的恐惧心理就越强。受害人一定会觉得在熟悉环境中自己容易被找到，而自己又因为各种原因并不能完全脱离开这个环境。

可能有些人会说，换一个城市不就好了吗？实际上，在现实中，受害人因为各种各样的社会链接存在，不能马上脱离原环境。因为马上脱离对于受害人来说，成本和机会投入都太高了，基本上无法做到。

第二个因素，害怕被报复这种恐惧心理的赘生物。报复形式可以是多样的，有时候受害人并不仅仅担心自己会被报复，还会担心家人或朋友遭到报复；或者行为人去办公地点闹，闹得自己没有办法正常工作。

比如，有这样一个新闻，一个孩子打了另一个孩子，被打孩子的家长就在家长群里说起这件事。打人孩子的家长很激动，在家长群发泄负面情绪，结果被幼儿园老师请出了群。事情并没有结束，情绪激动的打人孩子的家长通过名片看到被打孩子家长的微信，在陌生人可见的朋友圈里找到了他的工作地点。当天下午，这个家长就出现在被打孩子家长公司的前台，坚持要见他，这显然已经对被打孩子的家长的工作造成了比较严重的影响。

行为人选择的报复形式可能是随着受害人的社会关系延展出去的，目的就是让受害人认识到自己的行为是"错的"。当然，这种所谓的报复一般会有比较多的恐吓和威胁的成分在，行为人往往并不是真的能够"说到做到"。

应对方法

恐惧带来的害怕被报复的心理基本上每个受害人都会有，但是区别在于不同的人对公权力的信心不同，以及对如何看待报警处理这件事上的不同。你不报警，还会有下一个受害人出现，承受和你一样的痛苦；你不求助和反抗，情况就会越来越糟。

前述案例中的李某，其实已经是很幸运的了。日本有一个案件，17岁的当事人就是因为害怕被报复，错过了出逃的机会，一直待在拘禁她的犯罪团伙的家中被虐待，在恐惧中被虐待致死，被装到水泥桶中抛尸。

如果我们面临类似害怕被报复的心理，该如何调节呢？

首先，客观理解犯罪行为人对自己的威胁和恐吓。实际上，大部分的犯罪行为人在进行威胁的时候，都是在寻找一个机会成本，用口头上的威胁这种低成本的方式博取控制住受害人的机会，也是在博取能够逃脱法律制裁、不被处理的机会。总的来说，大部分现实生活中的威胁和恐吓，最终都不会落实到实际的行为上，也就是说，大部分威胁的内容都不会真的发生，因为犯罪行为人的目的是让受害人害怕。他们往往也比较清楚犯罪的行为会给自己带来的严重后果。

其次，判断逃跑、报警的机会。前面讲的案例中，受害人有很多逃跑和报警的机会。对于这种机会的判断，有些人会担心，犯罪行为人会不会故意在附近蹲守，看自己有没有逃跑。实际上，当出现犯罪行为人离开的情况时，他往往是真的不在，这是一个可以把握住的求助和逃跑机会。所以，不要错过任何的打电话报警或发短信报警的机会。比如，新闻中出现过的，受害人写个小纸条，从窗户扔下去，路人捡到了，然后报警。这也是一种把握机会自救的方法。总之，千万不要放过任何可能的脱离危险的机会。

再次，对报警的理解与处理。你觉得就算报警也不一定有用，这个想法其实是错误的。一旦犯罪行为人对你有口头上的威胁或恐吓，也可以由警方来处理。只要报警了，基本上都会得到妥善的处理。如果你选择说出来，那么对后面潜在的"受害人"来讲，也是帮助他们免受伤害。

最后，如果这种恐惧的心理暂时无法调节，我建议你可以找人陪着一起度过这个恐惧的阶段，如有威望的长辈、家人或者亲密的朋友等。这种陪伴能够帮助你以一种更轻松的方式度过艰难的心理恐惧阶段。

暗示心理

平时看着精明，遇事总是被坑，怎么破？

本节我们要讲一种可能与外在观感有着强烈反差的心理——有些人看上去很聪明，但是特别容易接受暗示而被坑，也就是暗示心理。

👽 案例分析

我们先来看一个让人哭笑不得的案例。警方破获了一起设局暗示，诱导男士高额充值的新型诈骗案件，主要是给男士发一些暗示性的信息，然后把人忽悠过去，体验消费，可以说是把暗示心理发挥得比较极致了。

一个类似于××国际的高档男士会所，盲加很多男人的微信，被暗示击中的人就会悄悄去体验，如本案中的小强。

前不久，一个叫思思的女生主动加小强的微信。思思的头像很仙，她跟小强说："哥哥好，我们这边是高端男士减压会所……"反正就是一顿夸。思思对小强提到了几个短语——私密、安静，服务的都是模特儿，在养生的同时享受感官刺激。看到这些，你想到了什么？

思思接着就给小强发了几张美女图片，说这些美女就是会所的服务人员，并夸赞她们很美。然后思思就与小强搞暧昧，目的就是让小强去会所体验一下。几天的心理暗示下来，小强慢慢心动了，想去试试看，就来到该会所。他被带入一个放着舒缓音乐、挂着纱幔的屋子。小强突然感觉有点进入状态了，房间的灯是红色的，还有那么大一张床。

　　小强本来就是想体验一下会所的服务，结果在这种强心理暗示的环境和穿得有点凉爽的服务员的各种诱导下竟然充了卡，一充就是3万元，而且3万元还是最低等级的会员卡。小强一点都没觉得心疼，只觉得感觉来了，接着就体验了一把，然后发现自己好像被"忽悠"了。

　　体验过后，小强发现一切都不是自己想的那个样子，服务内容都是非常正规的跳舞和按摩。如果在其他地方，消费其实也就100多元钱，结果在这个会所自己控制不住小心思，竟充了3万元的会员卡。小强很生气，叫来会所的负责人质问，并要求退费。但经营方拒绝退费，并坚称：这就是我们的特色服务。

　　一个月之后，警方对该会所开展集中抓捕，抓获犯罪嫌疑人8名。经调查，该会所员工分工明确，有店长、化妆师、舞者、望风人员等，他们发送带有暗示涉黄服务的信息，引诱消费者到场高额充值消费，实际上提供的是舞蹈、茶艺表演以及正常按摩等非色情服务。这与被诱导而来的人的想象很不一样。消费者高额充值后因未达成目的而报警，当然其中也有一部分人觉得丢脸，并没有报警。

🛸 知识概念

　　小强真的是一言难尽……但是小强这种暗示心理是怎么来的呢？这种暗示心理跳出这个案子的框架会有什么特点呢？我们讲的暗示心理中的暗示又是指什么？

　　如果在网上搜一下心理暗示的概念，你可以看到一个我认为挺全面的定义——**人接受他人或者外界的观念、情绪、判断、态度等因素的一整个心理活动**。心理暗示是一种非常普遍的情况，因为我们每时每刻都处在心理暗示之中。

　　个人觉得，心理暗示是对他人想法的一种分享。但是，这种分享模式很特别，它是我们在"不知情"的情况下接受别人的想法。如果我们

在经过深思熟虑的论证和讨论后接受别人的想法，就不是心理暗示了，是认同这个观点。所以心理暗示这个概念中存在的接受过程，某种程度上可以说是**不情愿**的。

心理学家巴甫洛夫认为，心理暗示是人类最简单、最典型的条件反射。从心理机制上讲，它是一种被主观意愿肯定的假设，不一定有根据，但由于主观上已经肯定它的存在，心理上便竭力趋向于它。电视购物就是一个典型的例子。

因素分析

我们前面提到了人基本上一直暴露在心理暗示的环境之中，并且心理暗示明显存在强弱之分。心理暗示的程度是由什么决定的呢？

在这里我们必须讲一下**个体的易受暗示性**，因为易受暗示性是个体受害的核心。那么上述案例中小强的易受暗示性高吗？其他方面我们不知道，但是单看性这一方面，其实是挺高的，所以这里我们要看看易受暗示性的一些特点。

（1）年龄方面。**易受暗示性有一个发展曲线**。我们的易受暗示性与年龄、经验和成熟程度成反比。比如，一度让很多人觉得很恐怖的蓝鲸游戏，就是一种强心理暗示游戏，用户基本上都是青少年。

（2）性别方面。**男性的易受暗示性普遍要比女性低**。因为男性没有那么多的感性情绪，不容易被暗示钻情绪上的空子。

（3）知识储备或者说学习能力方面。**这个其实和学历没什么关系，主要就是学习能力和知识储备足够的话，看问题的批判思维就会比较凸显**。当然大学生因为心理暗示被骗的案子肯定是有的，这个其实是和其他方面相关的，如我们后面会讲到的心理暗示的来源、情绪以及生理状况。

（4）兴趣方面。**如果心理暗示的内容是我们感兴趣的领域，那么这个暗示性本身就是很强的，个体的易受暗示性也会受到打击**。如案例中的小强，这个色情暧昧的心理暗示就刚好是他当下感兴趣的东西，所以他就上钩了，并且表现得很急迫。

（5）情绪方面。**心理暗示会在逻辑思维缜密的情况下遇到很多阻力，但是如果情绪上来了，我们的易受暗示性也就上来了**。比如，案例中的小强遇到的情况，名叫思思的女生先和他搞暧昧，把他的情绪带起来，小强去了会所之后看到红色的灯光、大床、纱幔，情绪就又加深了。小强被带了一回节奏，直接充了会员。

（6）生理状况方面。**心理暗示在一个人很精神的时候是不太起作用的，因为我们的易受暗示性会在我们感到疲劳、嗜睡、紧张、醉酒和精神抑郁的状态下变得很高**。同样是蓝鲸游戏的例子，青少年当中有这么多跟随者的原因还有一个，就是青春期心理状态带来的精神状态问题，导致青春期孩子的易受暗示性太高，就会跟着指示去做。

（7）心理暗示来源方面。**心理暗示的力度取决于心理暗示的人**。简单来说，就是心理暗示的来源对于我们来说很强的话，心理暗示就会很强。比如，我说话的暗示效果，肯定没有一个行业的领袖说的话起到的心理暗示效果大，因为我就是个"路人"。又如，你去买东西，一个广告说这是一个新公司做的产品，另一个广告说这是一个百年企业做的产品，这对我们的购买行为的心理暗示肯定是不一样的，虚假宣传的问题跟这种心理暗示也有关系。

👽 应对方法

暗示是有积极和消极之分的。如果我们遇到了消极的暗示，应该怎么办呢? 我们该如何利用积极的心理暗示来帮助自己更好地做事情呢?

首先，认清楚自己。认清楚自己的优缺点，认清楚自己是什么样的人，更好地接纳自己。比如，别人带给你负面心理暗示，每天见到你说"你不行"，在这种情况下，如果我们对自己有清楚的认知，就不会受到影响而怀疑自己，自己就能够对这种消极暗示免疫。

其次，不要否定自己。自我否定同样是一种负面的心理暗示，并且对人的影响很大，会让人深度怀疑自己的能力，并且没有能动性。比如，上司安排给你一件事情，你认为以自己的能力可以把它做好，并且别人也说了你可以做好。但是，当发现它有一定难度或者自己出了一点小错时，你就开始不断地否定自己，觉得"这件事太难了，我做不好，我真的不行"。在这种负面的自我心理暗示的影响下，久而久之，你就真的做不好这件事情了。所以，不盲目自我否定，同样也是建立在认清楚自己的基础之上的。

再次，积极利用有效的自我暗示。有句话这样说："你想成为什么，就必须先假装自己是什么。"这句话就是建立在积极心理暗示的基础上的，同样也是一种积极心理暗示的方法。也就是说，如果你在心里跟自己说"这件事有难度，但是我相信我可以做到"，那么你的主观能动性就会随之提高，你自然也能更好地完成这件事情。

最后，类似于前面案例中我们讲到的那种与犯罪有关的心理暗示，其实就是消极心理暗示的一种。**当我们遇到这种心理暗示的时候，应该怎么办呢？正确的做法是自动屏蔽这类消息。**想一想"擦边球"特征的心理暗示，想一想是否真的存在"天上掉馅儿饼"的事情。也就是我们要运用理性思考，认清楚事情的利弊：如果真的对自己有好处，那么就可以接受这个暗示。我们也应该明白，但凡"打擦边球"的行为或者明确的犯罪行为，都不会带来好结果。自动屏蔽这些消息，不受干扰是最好的做法。

愤怒心理

命都在对方手里，他为什么非要激怒歹徒？

👽 知识概念

愤怒是什么呢？是指当目的行为受阻或是受到打击时引起的一种紧张而不愉快的情绪，其实就是生气和懊恼。**愤怒被很多人认为是一种伴随着人类进化过程的原始情绪，不只我们的祖先，所有的动物也都被认为是有愤怒情绪的。**比如，你看《动物世界》的时候会看到动物之间对峙、打斗、发出嘶吼的画面，它们就充满了愤怒的情绪。

愤怒是一种伴随着人类进化过程的原始情绪。我们也会发现，在现实生活中或是影视作品里，愤怒的表现形式有很多，它要通过一些外显的行为才能被人看到。其实，愤怒分为主动的愤怒和被动的愤怒。

研究者认为主动的愤怒主要是指攻击行为和主动促成求助的行为，目的是试图让对方处于劣势。那么，哪些具体的行为算是主动的愤怒呢？

（1）口头上的争吵、谩骂、指责、数落、猜忌；

（2）各种形式的肢体暴力，如攻击某人，或者是计划报复行为；

（3）各种主动求助行为，如报警、呼喊、言语制衡、谈判等。

被动的愤怒其实就是生闷气，目的是让别人觉得愧疚，或者是引起别人对自己的同情与关注。那么，哪些具体的行为算是被动的愤怒呢？

（1）抱怨、埋怨，还有通常我们说的"冷下脸"；

（2）不回应，不按照要求行事，消极行为；

（3）自我伤害或自杀。

👽 原因分析

引起愤怒的原因有哪些？其实很多场景都会引起我们的愤怒情绪，具体如下：

（1）没有得到尊重，被压迫或被强迫行事；

（2）急迫且重要的需求被拒绝、被压制；

（3）生命安全受到威胁；

（4）因弱者遭受不当处境，进而产生保护弱者的心态；

（5）遭到霸凌、背叛、迫害；

（6）社会环境因素所致，如民生问题或环境问题糟糕；

（7）纯粹为了增强气势；

（8）带目的行为受阻或对自己的表现不满意。

👽 现象分析

有意思的现象出现了。结合主动愤怒的行为表现以及引起愤怒的场景，我们会意识到一个问题，那就是之前很多人认为犯罪受害人的情绪中只有恐惧和无助，不会考虑到还会包括愤怒这种情绪。因为在受伤害的场景下，哪里还有时间去愤怒啊！但是我们也提到了，愤怒是一种原始情绪，只要环境因素足够，愤怒情绪就会被触发。

那么，受害人有机会表达愤怒吗？愤怒的表达会不会带来额外的伤害呢？我们先来看两个例子。

2015年2月24日，某村背后的半山腰上，一名村民意外发现了一具男尸。村民报警后，民警到达现场发现死者是一名年轻男子，身上血迹斑斑并且双手被自己的一根鞋带反绑在身后。现场民警进行排查，发现死者的颈部、胸部和腹部有多处锐器伤，初步判断为他杀。

经过初步调查，民警发现应该有一名女子与死者在一起，两人为男女朋友关系，该名女子也处于失踪状态。案发后的第二天，警方在另一处隐蔽的垃圾堆里找到了失踪女子的尸体，其双手也呈反绑状态，脖子上有很明显的勒痕。女子生前曾遭受性侵，直接死亡原因是被人掐住脖子窒息死亡。

两名死者的身上没有任何财物，生前可能遭遇了抢劫。警方将犯罪嫌疑人排查的重点锁定在有作案前科，特别是抢劫和盗窃前科的地区重点人员身上。此外，由于女性死者生前曾遭到性侵，警方对她身上残留的嫌疑人的体液进行了提取，并迅速送至DNA检验室进行检验。DNA比对很快有了结果。犯罪嫌疑人翟某，2013年年底才刑满释放，随后在成都被警方抓获；而另一名犯罪嫌疑人杨某则在东躲西藏了近4个月后，也最终落网。

两人落网后交代，出狱后因为没钱，就想到了抢劫。但是在抢劫的过程中，男性受害人一直盯着凶手，并说**"我记得你，我会报警的！"**因为害怕再进监狱，两人一气之下就把人给杀了。既然男的死了，那女的也不能活着了，两人在杀害她之前还强奸了她。

不要以为这是个案，我们再来看另一个很早之前发生在日本的案子。

1971年春天，日本某县发生了多起年轻女性失踪的案件。经过初步侦查，警察并没有得到有用的线索，决定并案调查。

1971年5月7日，某县一名上班族女性留下了一张字条，上面写着："有人问我愿不愿意当他的画作模特儿，我还是去当面拒绝一下好了。"之后她骑着自行车出门，随后失踪。

该名女性的哥哥一直寻找妹妹的下落，直到发现了妹妹的自行车，并且发现了一名开着新款跑车的男子。男子看上去很可疑，所以哥哥上前询问，男子驾车直接逃跑，哥哥记下来车牌号并报了警。警方查到该男子叫大某某，36岁，于是安排了抓捕。警方本来只想把他抓回来例行问话，但是大某某随后的供述，揭开了日本历史上著名的大量杀人事件的秘密。

根据大某某的供述，他自 1971 年 3 月 31 日起至 5 月 10 日止，包括这个留字条的女性在内，已经强奸并杀害了 8 名 16—22 岁的女性，并将这些女性的尸体藏匿起来。

大某某说自己戴着贝雷帽，穿着衬衫，开着跑车，以画家、美术老师和英文老师等身份，询问了 150 名以上的年轻女性"愿不愿意当我画作的模特儿"，用非常巧妙的言语邀约女性。结果上车的女性有 50 名左右，其中 10 名遭到强奸，而被杀害的 8 名女性之所以被杀害是因为大某某发现她们想要报警。

类似的案件还有很多。

看到这里，相信你对前面的问题已经有了答案。**受害人一定会有愤怒心理，也有机会发泄这种愤怒心理，但要是时机不对，就很容易给自己带来额外的伤害，这些伤害，很多时候是致命的。**

🛸 应对总结

需要明确的一点是，愤怒心理确实可以在一些情况下保护我们，但是如果遇到案例中的类似情况，请暂时把愤怒情绪藏起来，因为那个时候的情绪发泄有可能导致犯罪人的犯罪行为发生转化。

如果对方持有武器或者是双方实力悬殊，请等犯罪人离开后再发泄愤怒，并想办法求助。要记住，生命安全始终是第一位的。切记不要说"我看到你的脸了""我记得你，你死定了"或者是"我不要命"这种话，不要妄想用这样的话吓退犯罪人，因为很多时候你的这些话，会让犯罪人立即进入激动的状态，给你带来更大的伤害。

善意心理

遇到陌生人问路，该怎么帮？

我相信大部分人会认为乐于助人是一种很好的品质，而且会在现实生活中践行这种品质。文艺复兴时期，法国杰出的人文主义作家之一拉伯雷曾经说过："**人和人之间，最痛心的事莫过于在你认为理应获得善意和友谊的地方，却遭受了烦扰和损害。**"这句话，放在本节要讲的因为善意而使得自己成为犯罪受害人的问题上，再合适不过了。

👽 知识概念

善意是什么呢？很多人觉得这有什么可解释的，不就是好心嘛！这是对的，我们一般说的善意就是好心，但是善意这个词在哲学中有着自己的概念，**一般是指真实的、诚挚的意图或信念，与行为的结果无关。**

对于概念，我想特别说一下"与行为的结果无关"这个关键点。在日常生活中，有些人的善意实际上是以得到一个好结果为前提的，但真正的善意，是不要求结果好坏的。

韩国电影《素媛》非常震撼人心，年仅8岁的小女孩素媛，在一个下雨天被绑架并成为暴力虐待性侵的受害人，伤害行为造成她终身残疾。犯罪行为人仅仅被判处12年有期徒刑，引起了极大的争议。好在2019年4月16日起，韩国开始对性侵未成年人的罪犯采取出狱后一对一监视的措施。另外，4月24日，韩国MBC电视台公开了凶犯的长相。电视台称反复思考后认为国民安全利益大于罪犯肖像权的利益，因此决定公开。

我们暂时不谈素媛案，只看其中一个细节，就是电影中素媛与凶手相遇的那个早上，下着大雨，凶手走过来问素媛，可不可以和她打一把伞。素媛后面说，其实自己想过不理会直接离开，但是觉得下着雨，帮忙给叔叔撑伞是应该的，于是才和凶手一起走，这一走，就走进了噩梦。

⦿ 现象分析

可能有人会说素媛案是一个个案，所以才被拍成了电影。但现实情况真的是这样吗？类似的案件其实经常发生。

善意导致人身伤害

①在女留学生德国夜跑失踪遇害的案子中，女性犯罪嫌疑人就是上街去随机筛选受害人。她的借口是自己遇到了一点麻烦，一个人搬不动箱子，想请人帮忙把箱子搬到家里。受害人出于好心，跟着她去帮忙，结果被女性犯罪嫌疑人和男性犯罪嫌疑人虐待并杀害。

②在山西大同少女被奸杀的案子中，受害人仅17岁。凶手就是以刹车出了问题为由请女生帮忙，受害女生出于好心答应帮忙，便上了车，于是被凶手用胶带捆绑控制住，凶手将她强奸杀害并抛尸焚烧。

③黑龙江佳木斯，若干年前的那起女生送孕妇回家被害的案件，引起了公众极大的愤怒。谭某故意在路边摔倒，热心的被害人小萱连忙上前搀扶，谭某以请受害人帮忙送自己回家为由，顺利将其诱骗至家中。谭某和丈夫用安眠药迷晕小萱后，男方将受害人强奸，事后又将小萱杀害并抛尸荒郊。

④类似的案例还有一些：四川女生好心给人带路结果被绑架到山里，后被成功解救；郑州女孩被烧烤店老板及其儿子叫进店里搭把手抬桌子，女孩出于好心，想都没想就进了店，结果在店内被强奸并杀害。

⑤还有若干年前发生的同一类型的案件：嫌疑人假装自己没钱吃饭，要求被求助者去指定的地方带着自己吃一顿饱饭，等好心人跟随"求助者"进到指定空间后，就会被拐卖或是被抢劫、强奸。

善意导致财产损失

其实在现实生活中，**利用善意的犯罪更多地发生在经济财产犯罪领域**。比如，女生小琴因好心助人被诈骗，最终自杀的案子。

一辆轿车停在了18岁的小琴工作的地方，车上的两个男子谎称自己的钱财被偷了，需要小琴帮忙。善良的小琴拿出自己的积蓄，并且将手机借给他们打电话。趁着小琴在忙，两个男子和那辆轿车消失不见了。被骗走积蓄和手机的小琴身体和精神备受打击，最后竟选择了自杀。

利用众筹平台诓骗全社会善良人们的钱财的案子，相信大家也还记得。骗子捏造假背景、利用假材料发起众筹，大家一看这个人这么可怜，就多少捐一点帮助一下，总金额一下就上去了。骗子拿到钱后就去挥霍了。当然现在这种情况随着审核的越发严格已经得到了管控。

此外，还有利用朋友的善意借钱不还，甚至一次向很多人借钱然后跑路的情况；少数老年人利用路人的好心碰瓷儿讹钱；本来身体健康但装作病残，利用大众的善意乞讨；等等。

这时，你可能会问："那我这善意是用来干吗的？看起来好心帮助别人风险很高啊，动不动就会被骗，而且不小心连命都没了。"就好像在素媛案发生后，有人指责小女孩随意的好心。同样的情况也出现在其他案件中，事情发生后，有人便开始指责受害人滥好心，谁都帮。**但必须强调的是，受害人责任论，绝对不能要。**

👽 应对方法

当有人向你求助的时候，该不该帮呢？该怎么帮呢？有什么需要注意的地方吗？

该不该帮呢？个人认为，帮肯定是要帮的，但是是有限度、有前提的。**限度是满足最低的求助需求就好，前提就是不会损害自己的安全和利益。**比如，我在路上看到你，走上前去和你说："我太饿了，能不能请我吃顿饭？"此时我最低的求助需求就是有东西能填饱肚子，而如果你愿意帮忙的话，给我基本的吃饭的钱就好了，没必要再听我的话和我一起去吃饭。

在向求助者释放善意的时候，请注意以下几点：

（1）尽量不要到只有你和求助者的空间中去，特别是当这个空间是相对隐秘和封闭的时候，你就会很被动。所以尽量在周围有人的公开区域实施帮助行为。

（2）如果你给出了一个合理且有效的帮助建议，但是求助者依旧坚持自己的另一套说辞，请多注意，这种情况下就不要坚持善意了。

（3）如果你周围有其他看上去比你更能帮助到求助者的人，但是求助者依旧只找你求助，特别是在你建议他找其他人帮忙的情况下，他依旧向你求助，那你就不要坚持善意了。

（4）如果对方是一群人，都上来向你一个人求助，那请你马上离开，尽量向人多的地方走。

（5）如果求助者求助的事情本身对你来说就很勉强，那么你就不要想着硬要挑战自己帮忙了。

（6）如果求助者求助的是很小很细碎的事情，请你认真考虑一下，如不认识路要求带路，自己的东西丢了需要借你的用一下等，你可以请求助者找警察帮忙。现在很多地方有移动警务车，可以很方便找到警察，或者你可以选择替求助者报警。

善良是我们这个社会所必需的，但是请一定妥善利用，不要让自己受到伤害。航空公司的安全提示都会说："**如果身边有其他人需要帮助，请先确保自己的氧气面罩已戴好再去帮助他人。**"

投机心理

为什么很多高学历的人也会被骗?

说起投机，你会想到什么? 机会主义，还是赌徒心理? 甚至20世纪末的时候我国刑法中还有投机倒把罪，最高可以判死刑。其实，投机的核心就是一种概率，或者说侥幸，觉得自己可以以小博大，不用投入多少成本就可以得到超乎寻常的回报，而且很多时候，投机心理普遍存在于我们的日常生活中，是一种与我们的认知错误紧密相连的特殊心理状态。

现象分析

案例一

2018年3月，某地，出现了一对青年男女。女的负责推销抽奖券，高喊"免费抽奖，中奖率100%"，男的负责"兑奖"。围观的群众越来越多，一个老人走上前抽奖，结果随便一抽就中了个"一等奖"，是一台所谓的高档收音机。兑奖时，这对男女要老人先交50元手续费，老人不肯并且表示不要奖品了，可是对方说:"不要不行，奖券打开了就得兑现。"老人无奈，周围的人又跟着起哄，只能交了50元了事，拿了所谓的高档收音机走了。

一个月后，这对男女再次在集市上出现，又有一个老人经不住诱惑上去抽了一把，结果又是一个"大奖"，奖品有一大堆。老人同样交了手续费，这次是60元，而老人花掉60元抽的一大堆奖品，实际上都是"一元店"淘汰的废品。

案例二

山东的刘先生收到了一张由广州某公司寄来的彩色宣传单，宣传单上有一个刮奖区，刘先生刮开后发现自己中了"二等奖"，奖金为100万元。

刘先生又惊又喜，迫不及待地联系对方，要求领奖。随后，骗子一边介绍领奖程序，一边诱骗刘先生先后支付了7800元、9000元、20000元钱。其间，骗子多次提示："你中了100万元大奖，先不要跟别人讲，就是拿到奖金后，也不要张扬。"就这样，刘先生把多年积蓄给骗子汇了过去。然而，对方不但没有打来奖金，还变本加厉地要求刘先生再打过去5万元"保险金"。此刻刘先生突然警醒，报了案。

这种中奖的骗局实际上就是很好地利用了人们的投机心理，由于社会财富的不均衡，不少人在做着一夜暴富的梦，不脚踏实地奋斗，总是抱着投机心理，想像"幸运的"少数人一样不劳而获。

案例三

除了想一夜暴富的，还有一部分人已经很富裕了，但是依旧抱着投机心理追求高回报。比如，某巨额非法集资案中，行为人其实就是利用了人们追求高回报的投机心理。受害人是老年人吗？是想暴富的人吗？都不是，大多是精明的生意人，或者是在当地有头有脸的人，最夸张的是受害人仅11人，但是涉案金额却高达7个亿。这些人就是因为投机想追求高回报，想钱生钱，所以才会掉进经济陷阱中。

看完了上述三个案例，我们会发现，投机心理的受害人主要会出现在经济类犯罪中，那暴力类型的犯罪中会有投机心理吗？事实上，暴力类型的犯罪中确实很少出现投机心理的受害人，这主要是由投机心理本身的性质决定的。**一般只有经济类的因素才会激起投机心理，暴力类别的因素不太会激发这种以概率为基础追逐利益的心理倾向。**

🛸 犯罪中的投机特点分析

利用受害人投机心理的经济类犯罪有什么样的特点呢？

第一，犯罪行为通常是产业链式或者团伙式的。比如，电话诈骗或者中奖类的诈骗，其实都是有产业链的，有人负责引导，有人负责写稿子，有人负责最后说服，有人负责应急处理。

第二，犯罪行为基本上是以看似正常的商业模式去包装的。比如，非法集资案中，都是正常的投资公司、资产管理公司和金融公司之类的，看上去都挺"高大上"和正常的。

第三，基本都予以与正常情况不相符的反馈或回报。怎么样才能激发受害人的投机心理呢？主要就是以一个不合理的数字一下子吸引住受害人的注意。

第四，可能以各种方式要求你在过程中缴纳各种费用。各种名目繁多的费用都会在你最后拿到奖金或奖品之前等着你。

第五，不要有地域偏见。有人会说，诈骗的人一般都有南方口音，其实这个算是偏见。

🛸 受害人心理与行为特征分析

投机心理的受害人心理和行为方面都有哪些特点呢？

第一，对于风险的认识普遍不完善。这种不完善主要体现在完全没有风险意识或者是觉得有风险但也很正常。不正确地看待风险，体现在做事情时不爱思考，直接去做。

第二，多数受害人比较倔强固执。他们听不进去别人的劝告，一直坚持自己的看法。

第三，过于自信和相信自己的判断。

第四，有些人不能脚踏实地，总想着天降横财。

第五，沉稳不足，容易急躁，易受暗示性强。容易被人煽动和牵着鼻子走，如一些电话诈骗中的骗子会诱惑受害人说，"我们的奖品是有限的，奖金也有限。你在犹豫的时候，已经又有人领了，又少了一份"，以此诱惑人心。

第六，不懂得辩证地看问题和思考。他们不太会去考虑："为什么这100万元这么容易就砸在我的头上？"

👽 应对方法

首先，阻止或阻断受害人当下的行为，这是第一步，也就是及时止损。假如你身边的受害人正在打电话，或者正准备给对方打钱，这个时候你可以直接把他的电话挂掉，或者拔掉电话线、没收手机。止损是第一步，不能让行为真的完成。

其次，劝说受害人认识到这是骗局。比如，列举一些明显的逻辑上的问题或错误，希望受害人认真思考，不要被投机心理影响。你可以把问题抛给对方，如"你自己觉得如何"。引导对方思考里面存在的问题，可以有效地让他想明白其中的陷阱。

最后，如果受害人不听劝告，那就果断报警，让警察去处理。有些新闻报道中讲到，有的老年人到银行准备给骗子汇款，大堂经理看到后就进行劝说，但是老人怎么都不听，甚至怀疑起大堂经理的用心。大堂经理只有报警，让警察来处理这个事情。

这个时候你可能又会有一个疑问：如果跟受害人是亲戚或者朋友，双方关系很亲密，而自己报警之后，双方的关系搞僵了，对方生气了，该怎么办呢？请大家想一想，如果这个时候不报警处理，你的亲人或朋友真的被骗了，那么双方之间的关系又会朝着什么样的方向发展呢？被骗之后，对方可能反过来会觉得："你不是都明白吗？当时为什么不竭力阻止我呢？"所以，建议大家认真考虑一下遇到这种情况时到底该怎么办。两害相权取其轻，主动报警，不要让亲人或朋友血本无归才是正确的做法。在这个过程中，你可以尽量陪在他身边，不要让他独自面对难题。

羞耻心理

为什么有的被害人宁愿吃亏也不报警?

本节我们来讲讲受害人心理细分的最后一种心理倾向——羞耻心理。羞耻心理在很多社会文化背景下,是一种强大到影响受害人是否有勇气把自己的经历说出来的关键因素。

👽 知识概念

羞耻其实是一种比较离散的、基本的情感,通常包括痛苦、失落、不自信和不知所措。这种情感比较特殊,因为它的焦点在于自我,却被描述为一种道德或社会情感。它的特殊性在于,它包含个人和社会两个层面的因素。

个人层面 VS 社会层面

在个人层面上,羞耻感通常是一种令人不愉快的自我意识情绪,涉及对自我的负面评价以及可能体会到的痛苦。也就是说,在感到羞耻的时候,人一定有强烈的自我意识,这种自我意识上的痛苦,来源于自我标准与自我遭遇或行为之间的差异,如个人心理上不能接受的落差。有研究者认为,羞耻感的体验直接关系到自我,而自我是评价的焦点,羞耻感是一种对自己作为一个人的痛苦的感觉。

在社会层面上，**羞耻感可以是一种工具，驱使我们隐瞒或否认自己的遭遇和行为，或者是抑制一些即将发生的行为，可能源于自我的存在状态与理想的社会背景标准比较下的不能接受的落差。**

举个例子，一个老师做了一件有损师德的事情，如收受红包。在个人层面，他觉得自己是个有职业道德的人，那收受红包这个事情就跟自己的内在标准冲突了。他感受到了来自自身的羞耻，这对他来说是一种自我惩罚。当他发现有人知道了这个事情后，羞耻感马上成倍地增加，他恨不得钻进地缝里，而这就是来自社会层面的羞耻。

做错事情 VS 遭遇事情

羞耻心理是一个有点复杂的心理，就好像我们会说"嗯，我确实感到羞耻了"，但是这种感觉很奇怪，说不出有什么具体的维度，是脸红发热吗？还是不能去表达呢？

继续细分的话，还能分为两种情况，**一种是我们自己做错了事情产生的羞耻心理；另一种是我们遭遇到了某件事情，社会层面带来的羞耻心理。**

如果是个人层面自主产生的羞耻心理，其实是对犯错的自我惩罚，主要就是一种内疚的感觉。它的外在表现既包括脸红发热、发抖出汗，也包括不由自主地低头、转移自己的注意力或者说谎，以及肢体上的一些遮挡。比如，突然发现自己在工作上出现了失误，别人都不知道，这个失误也不影响大局，但自己就是特别难受，心里面过不去。

如果是我们遭遇到了什么事情，羞耻心理是社会给予的呢？这个时候可能出现的就是痛苦、无助、自我否定、不敢把事情说出来、不敢面对以及保持沉默的消极状态。这种情况会比较多地出现在犯罪行为受害人的群体中，如在被猥亵或者强奸之后，有些女性受害人会有强烈的羞耻感。

🛸 现象分析

2014年11月5日23点左右，16岁的小燕接到朋友阿明的电话，阿明提出和她一起出去聊天。虽然天色已晚，但是小燕念在朋友情谊还是同意了。见到小燕出来，在家门口等候的阿明将小燕抱上摩托车，带到某小学门口，又接上了朋友阿勇和阿文，4个人同乘一辆摩托车来到阿文家中，边喝酒边聊天。喝完酒之后，3个人轮流对小燕施暴强奸，直到凌晨1点，这场噩梦才结束。

然而，因为羞耻，小燕事后并没有立即报警。

隔天21点，阿明再次联系小燕，并承诺绝对不会再做出同样的事情。信以为真的小燕再次出门。谁知阿明将她带到了一所小学附近的"断头路"，再次强迫小燕与之发生关系。之后阿明打电话给阿文和阿勇，几个人一起来到阿明家中。

在阿明家中，小燕趁阿明和阿勇出去喝酒的机会，试图逃跑，但被留守的阿文阻止，并再次遭到阿文的强暴。阿明和阿勇回到家后，3个人又将小燕带到桥底，试图继续施暴。小燕以去方便为借口，试图报警，但被阿明发现并阻止。因为担心被抓，阿明等人将小燕送到她家附近就离开了。回到家，受尽百般屈辱的小燕才打电话报警，随后阿明、阿勇和阿文被公安机关抓获。

👾 原因分析

所有的犯罪行为的受害人都有可能出现羞耻心理，而羞耻心理的发生有以下几个主要的原因。

排在第一位的，就是**社会观念问题**。个人觉得这是一个世界范围内的问题，并不是只有我国才有。马来西亚的一个调查显示，社会普遍认为强奸或性骚扰的女性受害人应该感到羞耻，因为这个社会上人人都有保护好自己的义务。

我们曾经让大家思考过为什么受害人不报警这个问题，主要就是羞耻心理导致的。我们受很多传统思想的影响，觉得相关话题是很隐私的东西，报警就公开化了，被强奸以后受害人会觉得自己被玷污了。

所以一旦遭受性犯罪侵害，社会上的一部分声音首先关注的，不是受害人是不是需要得到帮助，而是她（当然也有可能是"他"）自身存在哪些问题，哪里做错了。

抛开性犯罪不说，如果遭遇财产类犯罪，可能你会被指责太笨，活该被骗。性犯罪中，最有名的可笑言论就是你被性侵犯了，是因为你穿得太少或太暴露，无形中勾引了犯罪人……难道女性要在夏天35摄氏度的时候穿高领毛衣吗？

当然，我相信，不是所有人都有这种错误的观念，大多数人关注的还是受害人是否需要帮助，以及自己能做些什么才能让情况得到改善。

错误的观念即使是小部分人持有的，但是对于受害人来说，打击仍然会很大。错误的言论会在受害人本身就脆弱的心理层面被放大，所以很多受害人为了避免这种外界强加给自己的羞耻心理，遭遇了性侵犯干脆不说出来。

此外，**被特别亲近、尊重的人伤害，比较容易产生羞耻感。**在亲密关系暴力案件中，受害人很容易因为被所爱的人打骂、暴力对待而产生羞耻心理，从而对暴力行为的理解变得模糊。受害人会觉得这是两个人的事情，双方可能只是沟通存在问题，或者是自己没有做好，因此不能说出去。

经常被情感忽视，也会产生羞耻心理。比如，你兴高采烈地去跟父母说一件事情，但是他们并没有回馈你期待中的反应，只是很平淡地应付，甚至根本不理会，你可能就会产生羞耻心理，觉得是不是自己做得不够好。这种在亲密关系中，受到不恰当对待而产生的羞耻心理，很可能会长期存在，并且逐渐影响一个人自我价值感低下、不自信，等等。

还有就是，**不必要的暴露会产生羞耻心理。**比如，你因为做错事而被叫到全班同学面前，或者正在做羞羞的事情却意外被人撞见。犯罪受害人中比较常见的就是，他们不想让父母和周围的人知道自己身上发生过这件事，这个时候就会产生羞耻心理而不说出来，只要想说的念头出来，羞耻心理就会出来阻止。

再有就是**期望落空也会产生羞耻心理**，生活中比较常见的就是没有通过一门课的考试，或者是和自己很好的朋友闹翻了，又或是以为可以把工作做得很好，但实际上并没有。

假设我成了一个犯罪行为的受害人，我会期望什么呢？这个时候我最孤立无援，想着可以得到朋友和家人的理解和支持，但实际上并没有，我就会产生羞耻心理，索性就不去报警处理了，因为我觉得受到伤害可能是我的问题，所以才没人理解我，那报警有什么用呢？

还有一点值得一说，就是**自我评价与实际遭受行为的落差**。当受害人遭受犯罪行为侵害后，他觉得自己本不应该这么蠢，或者是本不应该这么不小心，就会有羞耻心理出现。比如，我觉得自己是个很聪明的人，结果我被电话诈骗了，那我就觉得"哎呀，好羞耻啊，不要让别人知道了，会被笑话的"，聪明人设不能崩塌。

应对方法

第一，自我原谅。这不是你的错。你应该明确地知道这不是你的错，要做正确的逻辑梳理和归因，你需要原谅对自己的责备、自我伤害等，原谅因为自责而伤害他人。

第二，自我接纳。接纳自己的缺点，接纳自己可能是平庸的，当然大部分人可能不会认为自己平庸。接纳自己在遭遇这件事情的时候，没有完美地处理，所以成了一个受害人，然后才有可能去改变。接纳自己的缺点和平庸，然后带着自己的缺点和平庸，一直活下去，很好地活下去。

第三，自我关怀。多给自己倾注一些耐心，多关注自己、多鼓励自己，才能有重新开始的勇气和渡过难关的信心。

犯罪恐惧感

害怕受到犯罪伤害，这种恐惧感给我们带来了什么？

本节我们来讲一个我一直在研究的问题——犯罪恐惧感。请不要疑惑，前面我讲过了恐惧感，但是犯罪恐惧感是犯罪心理学领域中一个专门的研究课题，它和我们因为恐惧这种原始情绪而引起的心理反应还是有区别的，是两个概念。一般认为，受过犯罪伤害的受害人，对类似的行为一定会有很深程度的恐惧，如被偷了，就会格外担心会再次被偷。那么，没有受到过犯罪伤害的人又是什么情况呢？

其实这种犯罪恐惧感，并不完全和犯罪经历联系在一起，在没有受到过犯罪伤害的人身上，也会有犯罪恐惧感出现。接下来我们就好好讲一讲人们在没有遭受过犯罪伤害的前提下，对犯罪的恐惧感。

👽 知识概念

关于犯罪恐惧感，许多研究者提出了不同的观点。针对这个概念的研究，已经默默进行了50年。这意味着什么呢？ 50年前，大家就开始关注我们"对犯罪感到害怕"这种内心感觉了。

犯罪恐惧感的概念最早出现在1976年的美国。政府在法律领域进行了一个很大胆的改变和尝试，即犯罪数据公开化。这个举动，给当时的美国国民带来了很大震动，大家第一次看到全国的犯罪数据——原来犯罪率有这么高？所有人都很害怕，政府不得不重视这件事情，相关研究也就随之跟进了。

其实我们也有公开，公开也有10年左右的时间了，如每年发布的一些犯罪报告等，只是还没有完全公开，在一步步推进。

回到犯罪恐惧感的概念上。其实现在的概念比较偏向一种认知、情绪与行为的综合表现，具体来说，主要包含以下三个方面的因素：

第一，认知方面是指个人对自己的评价，就是你觉得自己是不是容易成为犯罪的受害人，或者你觉得犯罪行为可能会给你带来什么程度的伤害。这个认知评价实际上是我们根据自己的一些状态来做出的。

第二，情绪方面是指与犯罪威胁有关的惊吓感，或者是焦虑、抑郁，没有安全感，等等。比如，你平时一个人住，住处的附近或者是同一个小区里面，短时间之内发生了五六起入室盗窃案件，而且小偷还没有被抓到。这个时候你就会很焦虑，很没有安全感，这些都属于情绪方面的因素。

第三，行为方面是指个体为了降低犯罪恐惧感所实施的措施。比如，购买枪支，当然这个在我们国家是不被允许的；或者选择避免晚上独自在街上行走以及安装防盗门和监控摄像头；等等。这些都是可以提高自己的安全感、降低犯罪恐惧感的行为。

🛸 细化分析

犯罪恐惧感是一个综合的结果。这样就会有一个问题，恐惧一般有程度之分，恐惧感高和恐惧感低分别代表了什么？对我们又有哪些影响呢？

犯罪恐惧感其实会带来很多的影响。如果你在过去的特定情形下有过犯罪恐惧感，如目睹小偷在偷自己的钱包，那么相对而言你更有可能在以后的类似情形下产生犯罪恐惧感：比如，上电梯的时候，有一个人突然向你贴上来，你就会下意识地把包挪到前面去；又如，今天你看了一个跟踪狂杀人的新闻报道，那么晚上下班的时候你大概率会特别警觉，平时习惯一边看手机一边走路，今天可能就不看手机，而是特别警觉地观察路况，走得也很快。

如果你对精神病学也有一些了解，这个时候你会不会怀疑自己有了被害妄想？

被害妄想是某一些精神疾病、心境障碍或者人格障碍中的症状，显著的表现就是不能区分现实与幻想，对于幻想中要伤害自己的人和事物，他们觉得是真实存在的。而犯罪恐惧感是普通人都会有的，并且我们有一种自知，就是看了一个新闻，产生了害怕，并且知道自己在害怕，以及正在家里看手机的自己是相对安全的。被害妄想这个词在传播的时候，大家对它产生了误解，所以经常有错误使用的情况发生。

我把犯罪恐惧感的影响因素分为五大类，分别为个人或周围人经历、新闻报道、环境因素、个体心理因素和人口学因素。这些因素又可以细分为大概25种因素，我们来挑几个比较重要的讲一下。

受害人经历，如果有过受害经历，之后就更有可能产生犯罪恐惧感；**媒体报道**，媒体对于特大案件的报道、对犯罪的报道等，可能会给看新闻的人带来一种犯罪恐惧感；**公共治安措施**，居住区域内的摄像头多不多，警察出警的速度快不快，有没有巡警在片区巡逻，会影响犯罪恐惧感；**焦虑和抑郁**，有研究显示，焦虑和抑郁状态的人，犯罪恐惧感会高很多；**性别因素**，女性在大部分的情况下，犯罪恐惧感会高于男性；**年龄因素**，老人和小朋友的犯罪恐惧感会高于中年人；**对犯罪的认知**，也就是你如何看待社会上存在犯罪这件事情，如果你的认知是非常全面的，那么犯罪恐惧感就会低一点。

👽 生活应用

这里还想特别说一下犯罪恐惧感的**预测因素**。

研究人员花了很多时间研究这些预测因素对犯罪恐惧感的影响，包括个人层面的预测因素（如性别、种族、年龄、社会阶层）、背景预测因素（如社区混乱、不文明和社会凝聚力），以及犯罪恐惧的后果（心理和行为）。

第一，犯罪恐惧感的主要内涵是个人对犯罪的恐惧。这种恐惧并不与实际的犯罪行为对你是否造成影响有关，如在家里看一个有关犯罪的新闻报道，或者看一部有关犯罪的电影，可能都会使你产生对犯罪行为的恐惧。这就是联想判断，你自己是不是可能成为受害人，注意是"可能成为"，只要想到了这种可能性，你就会有恐惧感产生。

第二，恐惧的原因。谈到这个问题的时候，我们要注意，有没有人完全不怕犯罪行为的侵害呢？有人可能说"犯罪人就不怕吧，毕竟他们自己就在从事犯罪"。其实连犯罪人都怕，比如，偷东西的怕被暴力，性侵的更加怕被暴力。普通人更是害怕，害怕自己的利益被损害，害怕受到人身伤害，等等。这是一个趋利避害的必然结果和我们之前说过的本能所致。

第三，日常生活的影响。目前我们普遍认为犯罪恐惧感是一个区间，恐惧感太高的话，会限制一个人的日常身心活动，降低生活质量。比如，你很害怕成为犯罪行为的受害人，那么你可能会很焦虑，不愿意出门，因为害怕财物被偷；不愿意交新朋友，怕被人骗；等等。犯罪恐惧感太低的话则可能放任自己的日常行为，成为犯罪行为的易感目标，也就是说你感受不到这个恐惧感，行为上也没什么注意的。比如，你把一大笔现金装在透明塑料袋里然后出门，那肯定就容易被人盯上。

而在正常范围内的犯罪恐惧感的上升，其实是对我们人身安全的一种保护。比如，我们看到本书所讲的犯罪案例，可能会触发犯罪恐惧感的提升，同时，我们自我保护的意识也随之提升了，并且学到了一些自我保护的方法，这对我们日后更有能力保护自己是很有帮助的。

对犯罪恐惧感的研究可以给我们带来什么呢？其实它可以为犯罪预防提供支持，改变环境，降低个体成为受害人的概率，如增加个别区域的照明、增加摄像头的铺设，以及对大人流量的区域控制等。

亲密关系暴力

怎样选择对的人，不在恋情中受到暴力伤害？

前文已经说到了亲密关系暴力的问题，其实从亲密暴力案的讲述中，我们已经知道了亲密关系暴力不单单是肢体上的暴力，还包括很多你可能没听说过的暴力行为，这些行为都是建立在亲密关系的基础之上的，如经济暴力、性胁迫、言语暴力、精神虐待和控制行为等。**只要会对关系中的人造成身体、心理或性方面的伤害，就属于亲密关系暴力。**

在这个基础上，我们需要知道的是，怎样避免自己进入暴力的亲密关系中，以及万一你正处于这种糟糕的关系中，要如何走出来。

👽 关系的识别与预防

首先要做的当然是充分了解，知道什么样的关系状态属于亲密关系暴力，以及什么人更有可能做出暴力行为。尽管我们已经对不同的暴力行为做了明确的区分，但是，很多人对这个问题可能仍然会有疑惑。

其实亲密关系暴力并不是偶然发生的，而是有一个明确的循环。说起来，很多亲密关系暴力的受害人一直在被伤害—原谅—被伤害这样的情境中循环。

我们可以把这个循环称为**"亲密关系暴力循环"**，一般包括压力期、**争执期、虐待期与蜜月期**。循环不一定每次都经过同样的时间或者按顺序，如在许多严重的亲密关系暴力中，蜜月期的体现就很不明显。

压力期是亲密关系暴力的酝酿时期。引起亲密暴力的潜在因素已经存在，关系开始紧张。这时候双方还不至于有激烈的争吵，暴力形式多表现为冷暴力。比如，另一半故意不理睬你，故意忽视你的需要。

这个时期也是制止暴力发生最有效的时期，如果两个人能及时走出冷暴力，进行有效的沟通，就有机会终结亲密关系暴力。也就是说，整个暴力循环可能在还没开始的时候就已经结束。两个人会回到正向的关系中。相反，如果双方每次都因为冷暴力问题得不到良好的解决而产生更严重的暴力行为，那么随着暴力循环发生次数的增加，压力期会逐渐缩短，甚至这个阶段会被完全省略。到了这个时候，再想要改善关系，可能性就已经很小了。

争执期是亲密暴力的引爆时期。双方开始有激烈的争吵，争执情形进入白热化阶段。一般而言，这段时间会出现心理虐待情况，对方可能会用语言羞辱你、威胁你，企图强迫改变你的行为，等等。心理虐待之后就会直接引出身体暴力，即加害人想用暴力行为中止争执，维持绝对优势。

和压力期一样，争执期也会随着暴力循环次数的增加而越来越短，甚至在争执期一开始或根本没有发生争执的情况下，暴力行为就会发生。这是因为暴力行为已经成为另一半的一种习惯，不再需要被激怒，他就可能动手打人。

虐待期是暴力行为正式开始的时期。这个时期的暴力以身体虐待及性虐待为主，并逐渐成为暴力循环的全部。因为打人的一方发现暴力可以解决问题、中止争执、缓解压力及维持地位优势，而且自己扮演着惩罚者的角色："你不听我的，就打到你听我的。"当亲密关系暴力次数增加，甚至成为一种常态、习惯的时候，暴力循环就只是暴力虐待期的延续。

蜜月期是亲密关系暴力的暂时停歇期。这个时候，暴力者会示好、道歉，也会做出一些弥补性的行为，或者否认、缩小、合理化先前的暴力行为，如下跪、给受害人买东西、对受害人百依百顺等。也就是说，他会暂时地对受害人特别好，与实施暴力的时候形象差距很大，这种差距常常会使受害人产生"他还是爱我的，只是当时冲动了"这样的错误认知，或者是"他已经道歉了"之类的偏差想法，结果就会停止或根本不采取任何措施。这样的不作为，只会给行为人一个信号，就是打了你之后影响不大，反正哄一下就好了，甚至觉得你是无能的。其实，蜜月期只是暴力的暂时停歇而已，很可能是另一个暴力循环的开始。当然，前面我们也说了，蜜月期会随着暴力情况的越来越严重而消失。

在这个循环中，我们可能会经历很多不同的暴力情况，具体如下：

行动控制。不管你去哪里，他都要时刻掌握你的行踪，如电话铃响几声必须接，或者出门半小时就要发一个定位，等等。

肢体暴力。他时常会情绪失控，捶胸顿足、扔东西、捶墙壁或损坏家中物品，面对朋友和除了你之外的周围人，也常用暴力方式解决问题，甚至虐待宠物。

社交管控。他会要求你必须对他毕恭毕敬，不能对别人好。甚至他不喜欢你和同事、朋友、家人相处，逐渐要求你远离他们，并且经常强调和反问，你的生活里有他难道还不够吗？

言语暴力。他经常指责你、否定你，说你们的关系出现问题，责任都在你，让你感到自责，有罪恶感甚至不自信。当你想和他沟通的时候，他又变得异常冷漠，忽略你的存在与言行，对你不理不睬。另外，他会在随便一个地方大声斥责你、批评你，甚至会用粗俗的词语怒骂你。

经济暴力。他把你的钱管得很严，你买什么、不买什么，都得由他做主，但是轮到他自己的时候，就变成他想买什么就买什么；或者是觉得你的工作不好，不赚钱，强迫你去找其他的工作。

性暴力。在你们的性行为中，他是绝对的主导，他说什么你就要做什么，不管你是不是愿意，也不管你的身体情况是不是允许。他想要发生性行为时，你就必须配合，他可能不愿意采取安全措施，甚至是用暴力方式胁迫你。还有一种情形是对受害人的性器官或性能力进行嘲笑，或者无任何理由拒绝性行为，等等。

这些特征，都能够帮助你判断自己的亲密关系中有没有暴力，一旦发现自己处在暴力关系中，原则就是事后尽快处理，一旦我们遇到以上任何一种情况，都需要立刻、马上寻求自保。

亲密关系暴力的应对方法

如果遇到了亲密关系暴力，想一想自己能做些什么？该怎么应对？我来说几个如果是我的话会立刻去做的事情。

首先，我会考虑自己的人身安全。这个时候就别说什么爱情多重要，要坚持，要相信对方了，命都要没有了，当然要先保命，照顾好自己。你可以采用隔离的方式，搬出去、回自己家住，或者与对方暂时切断联系等，在物理距离上首先要隔开。

其次，寻求倾诉的机会。这就需要周围人的帮助，如可以对家人倾诉，也可以对朋友倾诉。要是觉得实在没办法说出口的话，那就去专业机构和专业的人聊一聊。

最后，如果有机会，直接谈分手。能够和对方坐在一起谈这个暴力问题，那最好。当然啦，我是觉得亲密关系暴力的问题很难彻底解决，所以坐在一起谈，也就是要谈清楚，然后分手。

分手策略

在谈分手的时候，应该注意什么呢？分手暴力在亲密关系破裂后很常见，极端的分手暴力还可能转化成杀人，所以要特别注意以下几点。

首先，慎选谈分手的时间和地点。最好以白天为主，因为晚上的时候人的情绪比较难控制。地点最好是公开、安静、明亮的，有旁人但不会干扰谈话。

其次，告诉你的朋友你要去谈这个事情。或者请好友或亲戚在不远的地方等你。最好是长辈，他们的社会经验更丰富，可以预防危险事件的发生。

再次，若看见对方手拿物品、器械，切勿让对方靠近。想办法立即呼救或离开现场，分手当天也要避免饮酒。

最后，避免激怒对方。分手谈判时，千万不要以言语或行动激怒对方，让对方有尊严地离开，能够在一定程度上避免悲剧的发生。

👽 人的识别与预防

谈完了如何识别亲密关系暴力，以及如何安全地分手，你可能还会关心一个问题，那就是有没有什么办法能够帮助自己在确定亲密关系前就知道，对方会不会对自己实施亲密关系暴力，怎么甄别及避开这类人？十分具体的判断标准其实是没有的，但是我可以给出一个大概的特征范围：

（1）性格不够成熟、举止冲动，对任何事常会有过度批判；

（2）比较自我、时常坚持己见、不容易妥协、喜欢控制别人；

（3）对女性充满贬抑歧视，并经常以不堪字眼辱骂女性；

（4）处事或与人互动时常用暴力方式解决问题，甚至被激怒后易有攻击行为；

（5）家庭中本身存在亲密关系暴力问题的；

（6）对金钱的看法比较异类。

另外，还有一个原则，就是看小事。选择伴侣的时候，确定关系前总会与之相处一段时间，如果一个人对一些小事的反应特别过激的话，你就要多留意一下。比如，你跟一个男生刚认识，还没谈恋爱，只是出去约会。网上一张电影票卖28元，而你买电影票花了35元，贵了7元。他就对此很激动，脸色一下就不好了，接着在公共场合发脾气。他不仅猛踢了垃圾桶一脚，还对你恶语相向："你是不是脑子不好使？怎么连这点事都办不好！"面对他指责的语气和行为，你感觉到强烈的不安和恐惧。后来他冷静下来，向你道歉，说自己下次会注意，但下次这样的事还是一样发生。

此外，明显品行不良的，如吸毒、打人那些就不用说了。如果都这样了你还不放弃，那就要检讨一下自己了。

PUA骗术

如何识别"渣男"的典型套路，不上当？

　　我之前没有太关注PUA（对异性诱骗洗脑，Pick-up Artist）这个问题，直到一些案子的发生引起了我的重视，严重一点的，一个PUA男性，就能祸害几十个女性。我一下就震惊了，PUA不就是套路吗？专门告诉你怎么和女性沟通。当然这是PUA没跑偏时的初衷，后面跑偏了，就开始教学员怎么"快速推倒"，甚至是操控女性了，但是究其根本，还是教一个套路。

　　我们先来看跑偏的PUA给女性带来的伤害，当然，PUA也有针对男性的，只是少之又少。PUA的受害人所承受的伤害，轻微的如小额的金钱损失、时间损失，感情上的浪费；严重的如感染严重的传染性疾病，危及生命，造成严重心理创伤，或者是大额经济损失等。这些伤害，既让人深恶痛绝，又难以定罪量刑。可是，恋爱结婚，正常生活还得继续，该怎么办呢？既然PUA是教套路，我们就来看看怎么识别套路，不做受害人。

☻ PUA 套路关键点

　　很多科普PUA套路的内容会提到"五步陷阱法"：树立形象、颠覆形象、建立契约、撕毁契约、情感虐待。实际上，我们明白了套路的细节，也不一定能马上识别 PUA 并有效应对。我们需要从自己的角度竖起盾牌，找到应对之策。

我们需要注意一个这几年比较流行的词——人设，因为人设是 PUA 的基础和关键之一。人设是由一些环境和因素辅助堆砌起来的，是一场大型的生活表演。拆开来看，PUA 的人设包括可见身份和不可见身份。可见身份是什么？就是直接看到的，与他有关的一切外在事物，可能在他们的术语里面叫作"展示面"。不可见身份就是要通过深入接触才能逐渐了解到的一个人的爱好、习惯、性格特点、价值观，等等。

PUA 的人设表演，是对他们物色好的女性猎物展开的有针对性的"演出"。微信朋友圈、见的第一面，甚至是和你说的第一句话，都是假的，都是精心设计好的。但是，只要不是真实的人物性格，不是真实的人生经历，就会有破绽和漏洞，这是再怎么伪装，也改变不了的。如果你仔细去思考和沟通，就会发现这些漏洞。因为，人在持续说谎的时候都会有逻辑或细节漏洞，谈论的话题往往很片面，并且转换很快，不能就一个事情深入说下去，也无法说出很实际的细节。基于这些，我们可以训练自己看人的眼力，提高我们对"渣男"的警觉性。

👽 观察生活细节

假如一个男性出现在你面前，你从他的朋友圈看到他的生活里都是豪车美酒、全世界商务飞行、经常出入一些高质量场合之类的内容，你会怎么想？当然我不是说这样的男性没有，现实当中肯定也是存在的。

会不会有人觉得自己捡到了宝？还是说会抱着一种审慎的心态去看待这样的相遇呢？

比如，你看到他发了朋友圈，他正在参加一个高级别会议，并且做了发言。那你可以和他聊聊，对这个会议他有什么看法，以及他的发言都说了什么。如果他说不出来或是糊弄你，只讲空话不谈细节；或者是转移话题，顾左右而言他；又或者突然生气、对你冷淡，拿别的话和事情来压你，就是不聊这个会议，你就要多留个心眼了。

那你说如果你俩是网上聊天呢？刚认识就异地或者网恋的那种，他可以一边聊一边从网上搜索相关知识，那该怎么办？你可以把对方约出来，当面聊聊就知道了。但是要注意，你们要约在公共场所，你也不要喝对方给你的东西。要谨记这两点。接着你可以观察这个人是不是和日常聊天透露出来的个人形象一致，以及观察他的行为举止。如果一个人说自己品位独特，但是约你见面的地方很一般，还有一些不雅的小习惯，那你就要留心了。

另外，如果对方总是因为各种理由无法赴你的约，或者不接受和你见面，甚至连视频聊天也不接受，那就回到最初的起点，思考一个问题：他真的愿意和你在一起吗？一般来说，就算是网恋，彼此也会经常视频，而不是除了微信和语音，其他全靠脑补。

以一个审慎的态度去对待一段相遇非常重要。那么，该如何审慎呢？

第一，不要太早信任对方，保持关系上的警觉性；

第二，谨慎对待金钱往来，也就是正常约会、交换礼物之外的借钱行为；

第三，不要有太多的期望和要求；

第四，不要有侥幸，觉得自己运气好，盲目相信白马王子会出现。

👽 警惕关系进展

假如你遇到一个各方面都很优秀的男性，尽管和你见面的时候他有一些小毛病，但你并不介意，觉得可以慢慢发展看看。

然而，你好像觉得，一切发展得似乎太快了、太顺了。你们才第一次见面，行为上就很亲密，或者说你被迫很亲密，第二次见面就大有要发生关系的趋势。你该怎么做？顺其自然，还是"踩一脚刹车"缓一缓？

我要是你，我就缓一缓。

有这么着急吗？还是因为平时太忙了，时间太少？其实如果你们才见面第二次，这个男人就带你去一些有一定暗示性的空间，如酒店的大堂、KTV包间、酒吧包厢、私人影院等，请你不要只想到浪漫，因为这些空间本身就有一定的暗示性，是非常危险的。

如果你们刚开始聊天才一两天，对方就说想约你出去，约在以上的一些地点，建议你还是审慎。这时候该怎么办呢？你可以先答应，然后改几次时间，如专门挑一些他理应在忙的时候，看看他是不是每次都有时间。要是他每次都有时间，就好像时刻在等着你一样，你一说他就答应了，没有任何的顾虑，并且直接给你一个定好的时间和地点，那你就要留个心眼啦！

千万要明白一点，想立刻和你发生肢体关系，并不是爱你的表现，也不是对你着迷的表现。电影《志明与春娇》里面，张志明和余春娇去宾馆，一晚上什么事也没有做。余春娇以为是自己年纪大了，没有吸引力。但是张志明说什么，他说有些事情可以不用一次做完。这还是两个人已经认识了一段时间以后才发生的场景。

到底该如何审慎呢？

第一，避免在有暗示性的或者是封闭的空间约会；

第二，避免在约会中出现意识不清醒的状况，如喝酒；

第三，绝对不要着急达成一些关系上的进展；

第四，对任何一个人都需要一个了解周期，这个周期绝对不会那么短；

第五，如果直觉告诉你这个人有问题，相信直觉；

第六，多观察对方的言行是否存在上述例子中异常猴急的情况。

👽 免疫言语蛊惑

关于人设，PUA还有自己的一套模式，如帝王模式、浪子模式、诗人模式等。他们可能会塑造出自己很上进的样子，也可能表现得若即若离，还可能大肆谈论自己独特的婚恋观……

比如，跟你交往的男生，和某些选秀选手一样，时不时在你面前卖个惨，可能你因为同情他还流过眼泪，或者是他经常和你讲述在遇到你之前的悲惨遭遇，被欺骗过感情或者是生意失败等，让你产生了同情，然后你时刻想着要怎么照顾他、迁就他，时刻考虑他需要什么……你要怎么办？一直迁就下去，还是直接分开？

遇到这样的情况，我的建议是事不过三。如果屡次三番这样，说明这个对象不懂得基本的尊重，没有基本的礼貌和教养。谁还没有过一些惨痛的经历呢？但是一直拿出来说，或者总是表现出一副"我受伤了"的姿态，就有问题了。他要是一直和你强调自己之前受过伤，不愿意看到或者是不喜欢做什么，那你可以问问他："和我在一起难道不能治愈你吗？如果可以，那么你是不是要谢谢我呢？"要打乱对方给你洗脑的节奏，强迫对方停止这种低级的行为，对方要是还继续"卖惨"，那你就介绍一些专业心理辅导机构给他试试。

和这样的人交往一定要审慎。把你和他相处的点点滴滴，以及他说过的话，分开来看，并且以行为作为主要的判断依据。因为一个人是什么样的人，不是靠说出来，而是靠做出来的。如果一个人嘴上说不想伤害你，但就是不和你确认关系，或者和别的女人保持暧昧，那他的行为就是在伤害你。

如果你知道自己就是拎不清，那么有一点很重要——避免长时间的地下恋情。要与人分享自己的恋爱进展，如信任的朋友或是家人。他们会站在你的角度，给你一些有用的分析与建议。

👽 心理自查与应对方法

对于"渣男"，往往是识别容易摆脱难。有些女生，偏偏容易被"渣男"抓得死死的，这是因为女生自身也存在一些容易被"渣男"吸引的"特质"，具体如下：

卑微心理。觉得爱情就是生活的全部，一谈恋爱就全身心扑在和对方的感情上，容易深陷其中，且易被操控。

"圣母心"。总想着要拯救对方，相信自己能够让对方改变。这容易没有底线，一再容忍对方的伤害。

受虐体质。相信有痛苦的感情才是真爱，喜欢在玻璃碴儿里找糖吃。对方可能对你忽冷忽热、忽远忽近，类似于我们前面讲过的心理控制与心理虐待。如果在一段关系中，你发现痛苦大于甜蜜，对方对你的爱附加了很多条件，又很吝啬，那基本上你还是跟他说"再见"比较好。

"顶族"

公共场所遭遇"咸猪手",如何有效反击?

这一节我们来看一种特殊的性骚扰行为,它的发生通常与交通工具有关,特别是拥挤的交通工具。没错,我们要讲的就是如何避免在车厢很拥挤的情况下贴你很近的那些人对你进行性骚扰和侵害。这些人俗称"顶族",他们的行为也叫"咸猪手"。

现象概念

"顶族",一般就是指我们常说的交通色狼,他们最常出没于一些人多拥挤的地方,如地铁、公交等交通工具上,通过故意贴近摩擦女性,甚至用性器官去顶撞女性的身体来获得性刺激。"顶族"这个词的出现,除了我们提到的这些特征,他们还会主动抱团,在网络上互相交流,交流的内容包括经验、交通线路、在哪个站好下手,或者是炫耀,他们甚至还会约线下团伙行动。

我们先来看一组数据,了解情况的严重性。要注意的是,这个数据是存在黑数的,因为"顶族"的行为也属于性违法犯罪的范围,所以依旧存在很多受害人没有说出来的情况。也就是说,当你看到数据的时候,在心里要换算一下,**真实发生的情况远比这些数据反映出来的要严重。**

在《空间、身体与被忽略的女性——1000名女性的公交车性骚扰调查》一书中，调查显示有26.6%的被调查女性曾经遇到过公交车性骚扰，有82.4%的人看到过或听说过性骚扰事件。关于性骚扰的方式，在遭遇"公交车性骚扰"的女性中，"身体接触"和"用手触摸"两种方式所占比例较高，分别是49.1%和22%；在遭遇"非公交车性骚扰"的女性中，"身体接触"和"用手触摸"的比例达51.8%。

如果我们把大城市的地铁也算上，这个数据又会是如何？加之动辄几百人的"顶族"交流群，可想而知这个情况有多么严重。

😈 应对方法

情景一

想象一下，早高峰的地铁中非常拥挤，你在等车的时候，老是觉得有人在时不时地盯着你看，感觉很不舒服。你也确实发现后方有个男性和你对上了几次眼神，他离你并不远。这个时候车来了，你冲上去发现有两个位置可以勉强站下一个人，A位置是车厢角落，B位置是中间的座位前方那个位置。这个时候你选择哪一个？后面有个人可能已经盯上你了。如果是我，我会选择B位置，当然不是为了等座位。如果没有这个位置，我也会**选择四周全部是人的位置去站**，绝对不会选择靠在车厢角落里。这么做的原因，主要有以下三点：

（1）四周都是人的话，**"顶族"靠近你有难度**；

（2）四周都是人的位置**移动起来选择相对较多**，如果是车厢角落，就少了两个方向的空间，且想要移动会经过"顶族"；

（3）四周都是人的话，可以看到"顶族"行为的人多，他们**下手的机会比较难出现**。

情景二

拥挤的车厢里，你好不容易找了个位置坐下了，想睡一下，结果旁边的男的用背包挡在胸前，一只手在背包底下开始碰你。刚开始你没什么特别明显的感觉，觉得可能是别人不小心碰到自己了，也没在意。但是这个男的的行为越来越过分，不仅碰触你的胳膊，还坐得越来越贴近你，手开始在背包的遮掩下摸你的腿。这个时候或者是这个行为刚开始发生的时候，你要怎么做？

如果是我，只要旁边的异性触碰到我，让我不舒服，我就会转头看着对方，不说话，也没有表情。看看对方是什么反应，如果对方解释，那这个事情就过去了，如果对方刻意回避我的目光，那不妨盯时间长一点。当然，这个动作要在刚开始的时候就做，可以很有效地制止对方后续行为的发生。我之所以会这么建议并不是没有依据的。之前对"顶族"个体所做的采访中有提及，绝大多数的"顶族"，如果女生盯着自己看，或者是怒视自己，他们会在第一时间放弃自己的行为。当然，如果你担心这样做有风险，怕惹怒对方，或者是第一时间想不起来应该这么做，还有其他方法——**让座**。让座，或者说你在高峰期的地铁中只要站起来就好了，因为马上就会有人顺势坐下，然后你挪开就好了。

如果站着还遭遇到"顶族"，那你可以用什么方式制止对方的行为呢？**假装车太晃，直接朝他撞过去，记得用力撞**；或者是向周围的男性求助，你应该锁定一个求助目标，这是因为，在人很多的情况下，如果不锁定求助目标，那别人即使听到了你的求助，也可能会迟疑，而锁定一个人，获得帮助的可能性会更大。

如果你睡着了，刚开始没感觉到，后面惊醒的时候发现对方正在侵犯你，怎样做才能迫使对方停止行为？**在醒来的第一时间，你一定要说出来，或者是对这件事有所反应**。因为根据"顶族"的说法，他们一般会在目标不吭声或是没反应的情况下越来越嚣张；当然说的时候，要注意先站起来或者是中间隔一两个人，也就是你先挪开再说，挪开之后，大声斥责对方都可以，前提就是保证自己和他有一定距离，是安全的。

留证据。如果有机会录像的话，就录一下，拿自己的手机就行，主要是留下证据。地铁摄像头的位置，一般是在车厢的角落，人多的时候，"顶族"的行为是不容易被捕捉到的，很难取证。

　　另外你可以坐在不靠门的位置，以防"顶族"跑的时候溜得太快，因为他们喜欢在车门那个小角落实施行为的，原因就是好跑。

　　有调查显示，在公共交通工具上遭遇"顶族"的女性做出的反应包括怒视（28.9%）、不出声或没反应地离开（17%），而选择报警的只占了2.1%。

　　不报警的考量因素有很多，可能是觉得证据比较难得到，没有证据那么大概报警也没用，警察也处理不了。所以前面我们说了要注意留证据，但是女性受害人没有必要先把"顶族"侵犯自己的画面录下来然后才揭发并报警，还是需要看时机。

　　另外可能很多人并不知道，公交车性骚扰的行为是可以按照违法行为进行处理的。依据《治安管理处罚法》第四十四条的规定，猥亵他人的，或者在公共场所故意裸露身体，情节恶劣的，处5日以上10日以下拘留；猥亵智力残疾人、精神病人、不满14周岁的人或者有其他严重情节的，处10日以上15日以下拘留。

👽 态度选择

　　国内有一个非常好的做法可以借鉴一下：深圳和广州的地铁出现了**女性专用车厢**，女性如果觉得或是发现周围有人让自己感到不舒服，可以去女性专用车厢。这是我想表达的一点，也就是公共服务对女性的专门保护。

　　另外，"顶族"的行为，和女性的穿着是不是性感，是两个层面的事情，不要去支持受害人责任论。说什么女性穿得清凉性感，所以才被盯上，这是我最反感的一个言论，作为旁观者，哪里来的道德优越感？无论穿什么，那都是人家的自由和选择。

　　如果遇到"顶族"，在安全的情况下请说出来。如果你选择沉默，他们的行为只会越来越肆无忌惮。政府层面已经开始重视这类现象，并有专项整治行动，但是你要是不说出来、不揭发，那无论怎么整治都是没用的，因为别人根本不知道。很多人可能担心说出来会受到暴力伤害，其实"顶族"绝大多数是在相对隐秘的环境中寻求陌生的刺激，转化成暴力的情况少之又少，况且那么拥挤的地方，他也不好下手，当然地铁还有安检措施。但是我还是要提醒读者，就像前文提到过的，要说的话，先挪开再说，不要与行为人保持太近的距离。

职场性骚扰

学好职场自卫话术，不动声色拒绝性暗示

👽 现象概念

我们首先来看看哪些情况属于职场性骚扰，其实有关职场性骚扰的定义，根据不同地方的法律规定，可以分为两种不同的类型：

第一种，敌意性工作场所性骚扰：受雇者在工作时，雇主、同事、客户，以性要求、具有性意味或性别歧视的言辞或行为，制造一个具有敌意性、胁迫性或冒犯性的工作环境，以致侵犯受雇者的人格尊严、干扰其人身自由或影响其工作表现的情形通称为敌意性工作场所性骚扰。

第二种，交换式工作场所性骚扰：雇主利用职权，对受雇者或求职者为明示或暗示之性要求、具有性意味或性别歧视之言辞或行为，作为雇用、报酬、考绩、升迁或奖惩等交换条件之情形，通称为交换式工作场所性骚扰。

两个定义中说明了职场性骚扰的模式，可以看到要素主要有言语、行为侵犯、干扰、明示或暗示、交换等，已经基本涉及所有职场性骚扰会出现的模式了。那么要怎么预防职场性骚扰或是如果不幸已经成了职场性骚扰的受害人，要怎样做才能更大限度地保护自己呢？

在寻求自我保护方面，有一个对我们来说非常利好的前提，就是

2018年8月，我国《民法典》的起草修改工作将性骚扰明确写入法律。我们的《民法典》于2020年颁布，2021年正式实施。其中第一千零一十条规定，违背他人意愿，以言语、文字、图像、肢体行为等方式对他人实施性骚扰的，受害人有权依法请求行为人承担民事责任。机关、企业、学校等单位应当采取合理的预防、受理投诉、调查处置等措施，防止和制止利用职权、从属关系等实施性骚扰。之所以说这是利好的前提，是因为在这之前我们并没有明确的相关规定。

👾 应对方法

我们首先来看看上司和同事什么样的行为属于职场性骚扰，这可以帮助我们识别和判断自己所在的环境是不是正常的职场环境，尤其是对一些初入职场的人来说。实际上，很多遭受到伤害的女性，仅仅是因为缺乏这方面的常识，就被"老油条"给伤害了。

情景一

假设我是一个有点姿色的初入职场的女生，我发现上司和同事并没有很频繁地叫其他女同事去独立的房间里谈话，却总是叫我去房间里谈事情，每次谈的也是一些看上去并不重要的事情。上司和同事还经常关心我的生活，询问一些我的家庭情况、社会关系情况和爱情经历等和工作无关的事情。当然，可能其他女同事刚来的时候也被问到了呢？男同事还记得关于我的一些重要的日子，如生日，动不动就关心一下……这个时候我该怎么办？继续接受"关心"还是拒绝呢？如果决定了要拒绝，又该怎么拒绝呢？

首先，要从源头上把职场性骚扰的苗头掐灭，因为在这个阶段，对方只是在铺垫和试探，所以在这个阶段采取行动，更容易让自己从尴尬的处境中走出来，不至于出现更严重的事情。比如，经常有意无意地聊起自己的男朋友，即使你并没有。

其次，态度要端着。一般职场性骚扰的行为人都会找软柿子捏，如果对方送给你一些东西，你可以表达感谢，但是不要收。比如，可以对他说："这个东西很多人送过我了，还是你自己拿回去吧，或者送给其他人也可以。"礼貌又不失气场。

再次，面对异性工作伙伴的时候要稍微严肃一点，保持工作上应该有的专业和认真程度。

最后，当他们问你一些隐私问题的时候，如果你不想回答，请直接正面拒绝。比如，可以说："不好意思，我不想回答这个。"如果你在开始的时候不表明自己的态度，或者用委婉但听不出拒绝的含义的话回答，那么接下来被骚扰的情况大概率会越来越严重。

情景二

我已经工作一段时间了，有一天，上司或是同事的其中一个说要请我吃饭，问我什么时候有时间，下班之后是不是有空，或者是不是着急回家，并且说好不容易有机会，为了感谢我这段时间工作上的努力，顺便想聊一聊以后工作上的一些计划。这个时候我该怎么办？是出去吃饭呢，还是自己回家吃泡面呢？

我会选择不去，就算一定要去吃饭，我可能会先想一些问题，然后按照如下方法来做。其实被要求一起出差也是一样的处理模式。

考虑一下这些特殊照顾是因为我的工作表现吗？为什么要给我这种特别关照？ 如果没有很合理的原因（并不是我自己认为的合理，而是惯常逻辑下的合理）或者如果我想不到一个合理的原因，我是不会轻易接受的。

可能有人会说，老板请吃饭我不去，以后工作上怕是要受到一些刁难。**如果无法拒绝，就尽量约在中午，而不是晚上。** 既然是谈工作，中午谈效率更高，因为时间本身有限，开门见山，直入主题。找什么借口改时间呢？其实有很多，如在减肥、家里有事、父母在家等着回家吃晚饭等，都可以。

那要是一定要晚上去呢？没有办法推掉这个邀约，或者有些人就是不好意思拒绝别人。那就要注意以下几点：约在人多的餐厅，不要去人少的角落，更不要去包厢，并且速战速决、尽快结束，不要喝酒，和对方坐对面。在赴约之前，通知自己信任的朋友，告诉对方自己什么时间在什么地方，甚至可以叮嘱朋友在约定的时间打电话催自己回去。

如果出差的话，请一定注意，不要喝酒。一定要喝的话也不要超过一杯，还有，要喝从瓶子里倒出来的酒；不要长时间与异性上司或同事共处一室，对方太晚来敲门，一定不要开。

情景三

又过了一段时间，上司找我去谈话，说最近公司在核定升职加薪的标准，每个人都不同，看我的状态不保证一定给我升职加薪。但是，如果我可以考虑和他约会，特别是他说平常待我也不错，我应该知道他的用心的。上司开始给我施压了。这种情况，我又该怎么办呢？

有些人开玩笑说，没问题啊，不就是约会嘛，只要可以升职加薪，只是约会怕什么。但我是不会去的。重点并不是约会的问题，而是只要开了这个口子，对方就会知道我的底线在哪里。这是一种试探，可不是约会那么简单。这个利诱会一直持续下去，慢慢地就没办法摆脱了。可能很多人听过"登门槛效应"，说的是如果要找一个人帮一个大忙，先请他帮一个小忙。其实在使坏上也类似，他如果直接说"我要和你发生性关系"，我想大概谁都不会答应。但是，他先试探一个小的方面，不是那么冒犯的事情，看我答不答应，如果我答应了，他就会把这个底线慢慢降低。

所以遇到这种情况，要思考以下几点然后做出回应：

首先，为什么是我？我的工作状态是否真的不能升职加薪，或者是已经足够升职加薪了，那么去问问公司的HR，这个标准是什么。

其次，任何口头保证的事情，风险都是很大的。实际上，保证人很可能自己也左右不了这个事情，当下只是为达到自己的目的而保证罢了。

最后，违规的事情不要做。

我会很谦虚地说，是我做得还不够好，请您一定给我一个继续努力的机会，我不需要特殊的照顾，能力上我肯定没问题。也就是说，要用很正面的回复把这个利诱带过去。或者直接说不用了，开个玩笑说涨那点儿工资还不够我干吗的呢，即使真的觉得需要这点工资，为了保护自己的安全，也要这么说。

👽 一般防范意识

除了这些场景，在平时工作中我们还有什么需要注意的吗？其实是有的，我经常会说"三个不要"：

第一，**不要**有正常工作外的无理要求。除了工作要求，在个人事务上尽量不要有什么超过正常界限的要求，否则往往会给不良上司和同事的性骚扰行为提供机会。

第二，保持边界感。**不要**找上司和同事随意倾诉，同事就只是同事。现代社会节奏快，很多人有孤独感、无助感或者是觉得对公司的归属感低，这都是难免的。如果我是女生，我自己是不会把这些感觉向异性上司和同事倾吐的，甚至用一种忧郁和善感的状态想求得理解和同情。这其实是很不妥的，会很容易让别人钻空子。

第三，**不要**有工作之外的关心。对于上司和同事交代的一些事情，工作态度要端正，而且完成得要细致。但是除了工作，不要对上司和同事的私人生活和情感去进行无微不至的关心，因为这样做有可能会引起很大的误会，对自己也不好。

👽 反思

在面对职场性骚扰时，我没有建议大家要喊叫、闹到尽人皆知，而只是利用一些预期和理由去拒绝。这是因为呼救在工作场景中，很难发

生，很多受害人在高度熟悉的场合很难呼救，不想因为呼救把工作丢掉。

当然了，如果职场性骚扰行为已经到了打扰你生活的地步，那你还不换工作吗？这个时候的呼救和留证据，都是必要的。惩治"职场色狼"，需要受害人的配合和努力。

典型强奸

练好危险识别基本功，远离强奸风险

典型强奸在前文中讲到过，它的特点是陌生、暴力、地点隐蔽等，这里就不多讲了。

强奸造成的危害，远比我们认识的要严重得多。看到过一个令人痛心的新闻，说的是荷兰一个遭受过性侵的少女选择了安乐死。性侵带来的痛苦已经严重到她认为只有死亡才能解脱。我们不得不重视性侵这类犯罪。特别是对于女性朋友来说，不管周围的人能够提供怎样的帮助，万一真的遭遇到了，真正承受伤痛的，只是受害人本人。所以，做好预防措施，降低自己处于危险境地的可能性，尤为关键。

👽 应对方法

防身术

再厉害的女子防身术用起来也要看机会，因为会存在生理素质上的制约。**对于典型强奸这种性犯罪行为来说，防身术起作用的可能性是有的，但它更多的作用可能是一种行为发生前的心理安慰。**更何况我们前面讲过，典型强奸的发生，很多时候会触发受害人的恐惧情绪并造成肢体僵直，这个时候防身术怎么施展，防身器具怎么使用，能不能跑得掉，都是很大的问题。

当然，我并不是说要放弃肢体防身术的学习。平时强身健体在关键时刻能够帮助你提高逃生概率，但我想说的是，不能仅依靠防身术，觉得学会了一套"女子防狼术"就万事大吉、百毒不侵了，那是不可能的。

关于预防，**如果你刚好遭遇到了不法情形，千万不要放弃任何机会**，哪怕是一点点的机会——逃跑和足以限制强奸行为人施暴的机会。虽说防身器具和防身术的施展需要时机，但是你最好还是学会几招，器具也最好随身携带。比如，**最简单有效的就是猛攻对方下体和插眼睛，如果有机会，使用防狼喷雾或蜂鸣器等，任何微小的机会都会给你带来逃跑的可能，注意跑的时候如果你穿的不是平底鞋，那就索性光脚吧，反而会比较快**，当然也不排除有些女生穿着高跟鞋也可以跑得飞快。甚至你携带的任何东西都可以作为工具，在适当的时机用来攻击犯罪人，如雨伞、高跟鞋的鞋跟，甚至是你手上的钻戒。

环境预防

很多典型强奸行为的发生是情境性的，会发生在如地下车库、照明不足的区域、人流量稀少的区域，当然还有非典型强奸的酒吧或是混乱的交叉社交场合等。预防主要就是要做到避免去这些场所。

（1）地下车库。如果你走在停车场，感觉有人跟着你，你的第一反应是什么？不作声、低头、非常快速地走出去吗？事实上这么做反而让人发现你在害怕，对方可能会突然向你扑过来。那怎么做是正确的呢？你可以制造噪声，如大声地自言自语，跟想象中的人说话，或者假装打电话。总之弄出的声响越大，越有可能阻止对方对你下手。

（2）照明不足的区域。避免一个人在晚上经过照明不足的区域，晚上是多晚？照明设施什么时候开什么时候就属于晚。如果一定要经过，请找人一起，避免一个人。需要注意的是，如果能够感觉到任何不舒服或周围环境的不确定性，最好马上离开并寻求帮助。

如果你正走在一条黑暗的街道上，感觉到后面的人在跟着你，这个时候你需要斜穿过街道并观察对方是不是同样也跟了过来。如果是，你索性走到马路中间，这样在交通工具上的人会注意到你，同时对方也没那么容易接近你，但是要注意，不要被车撞了。

（3）人流量稀少的区域。避免走入无人区域或者人流量稀少的区域，这种环境会给求助增加难度，并且犯罪人易于隐藏。收起自己的好奇心，不要探险，也不要抄近道，正常走大路就好，小路之所以是小路，是有原因的。

（4）酒吧或是混乱的交叉社交场合。避免让任何人帮你拿饮品，要自己拿着，也自己去取；避免吃别人给你的任何东西；用手盖住杯口，因为杯口很容易被别人丢东西进去；避免喝约会对象给你的饮品，除非饮品是服务员直接端给你的。就算你很确定喝了一半的饮料是你的，但保险起见，还是避免接着喝，重新买一杯去。

个人预防

很多时候，我们个人的一些行为会导致我们进入尴尬的危险境地，所以需要注意以下四个方面，千万不要疏忽。

（1）如果你处于不确定安全的环境中，特别是一个人走在偏僻的地方的时候，不要戴着耳机沉浸在音乐中或是沉浸在游戏里。要时刻观察周围的情况，因为典型强奸很多时候是趁受害人不注意的时候突然发生的。给自己多一点时间，就是给自己多一点机会。

（2）切勿贪杯与单独行动。过度饮酒和醉酒确实会让你更容易受到攻击，要知道自己的量在哪里，不要一进入状态或是一玩起来就放开了不管不顾。如果你醉了，失去了行动能力和判断力，你的处境很可能就危险了。这也是非典型强奸经常发生的场景。还有一点需要注意，就是不要在杂乱环境中单独行动，尽量与三五个好友同行。

（3）注意隐私信息的保护。不要把自己的信息到处说或随意发到网上，也不要发太多涉及隐私的信息和地理位置。还有就是网恋奔现这个事情，不是说不能网恋，而是见网友要谨慎再谨慎，如果你觉得必须见，就带上其他人，并与对方约在公众场合见面。

（4）学会报警和呼救。如果遇到强制性的拉扯，周围又有人，请明确向一个目标求助；不要大范围求助，大声呼喊吸引人注意是一个不错的初始选择，但是吸引人过来了之后，求助目标要尽量明确；另外，如在停车场，觉得有人在跟着自己，就要打电话，打给谁呢？可以找一辆车直接打挪车电话，因为车主肯定在附近。你还要记得报警手段有很多，通过公众号、短信、电话都可以，要清楚地说出自己的位置。

🛸 止损与补救

如果不幸成为受害人，会面临什么样的情况，以及要如何做呢？

受害人可能出现阴道撕裂、外伤、瘀斑、情绪激动及睡眠困难等情况；可能感染性传播疾病；可能发生怀孕等风险。被性侵的女性或男性应由受过专业训练的人员或强奸处理中心进行全面的检查。在治疗身体伤害的同时，可能需要抗生素治疗感染、紧急避孕及心理咨询或心理治疗。必要时，家庭成员、朋友需和强奸救助小组一起在精神上支持受害人。

与女性一样，男性也可能成为性侵的受害人。目前的情况是，在遭受性侵后，男性比女性更容易发生心理障碍且更加不愿报案。这其实和目前的"强奸文化"有关。

🛸 "强奸文化"

就个人观点来说，我认为社会上的确存在"强奸文化"这个亚文化领域，而这个领域，从某种程度上来讲，对典型强奸的发生和处理有很深的影响。

"强奸文化"其实是一个社会学概念。**在"强奸文化"的支配下，基于社会对性别和性的态度，强奸行为变得普遍存在并且正常化。**通常与"强奸文化"有关的观念或行为包括女性必须守贞的保守性观念、受害人指责、"荡妇羞辱"、性骚扰、典型或非典型强奸、拒绝承认强奸的普遍性、拒绝承认性暴力造成的伤害等，或这些行为的某些组合。

这种"强奸文化"的存在，对男女都没有好处，它使得女性处在一种双重的危险之中。**一旦成为受害人，就会被指责、被讨伐、被二次伤害**，这也是强奸会造成受害人严重心理创伤的重要因素；**另外，"强奸文化"导致立法或者社会保护女性等方面会存在忽视和盲区**，不能说不重视，但的确因为这种文化的存在，使得一些本来应该有的措施没有被施行，导致很多女性处在一种潜在的危险之中。

然而对男性来说，"强奸文化"否认男性受害人的存在。如果一个男性公开了自己被性侵的经历，很可能会遭到比女性受害人更猛烈的二次伤害，想要获得帮助也会更加困难。

基于"强奸文化"的存在，我认为，我们现在讲的一切预防或避免成为典型强奸受害人的措施，其更好实施或带来更好效果的前提，都必须是这个社会所拥有的"强奸文化"的改变，也就是这种亚文化领域必须引起更多人的审视并改变。这不仅可以为预防带来更好的效果，也可以在很大程度上帮助受害人免受二次伤害。我希望这种改变，就从现在开始。

拐卖

家长都该知道的防拐招数和紧急救助渠道

如果你在网上搜索防拐测试，会看到很多新闻说高达80%甚至是更高比例的孩子会在测试状况下被"拐走"；还有一些人做了生动的视频，把整个测试的过程放到网上。看着那些可爱的小孩子被明显的诱惑带走，真是着急又无奈。万一，这些在测试中挑战失败的小孩子，遇到的真是人贩子，那么后果不堪设想。

排除掉出卖自己亲生子女的情况，因为这种是没有办法去预防的。剩下的拐卖行为的发生，基本上是在骗、抢、诱的情况下发生的，比较直接的情况是抢孩子。

我们来设想一种最坏的情况：孩子已经被拐走了，该怎么办？最关键的其实还是要做好拐卖的预防，然后才是了解应对措施。

👽 预防方法

谈到预防，大多数情况下，人贩子可能就是通过骗和诱的手段去拐带儿童。

场景一：骗。有些幼儿园和小学会有防拐卖的情景模拟课，课上一般会出现的场景就是一个警察扮演的人贩子，随便选一个小朋友，说"哎呀，你家里人没办法过来接你了，我是你妈妈的朋友，你妈妈叫我来接你回去吃饭，她正在家里给你准备晚饭呢"，以这种套近乎的方式诱骗儿童和自己一起离开。一般在这种情况下，只要儿童跟着离开，基本上不会有反抗，因为儿童已经认同人贩子说的假身份了。这是拐卖儿童犯罪行为中最早出现和使用的方法。

场景二：诱。这种方式就是拿一个儿童喜欢的东西去诱拐，如蛋糕、玩具、糖等。人贩子先装作很友善地给小朋友一颗糖，小朋友可能没当回事儿就吃了。吃完以后觉得好甜，很好吃，人贩子就会说"还想不想吃啊？我家里还有，你和我一起去拿吧，咱们很快就回来"，不管人贩子拿什么去引诱小朋友，都是引诱他离开原来所在地，然后再把他控制起来。之前看到过网上的一个视频，民警去幼儿园模拟这种情景，真的有很多的小朋友因为糖或者玩具，就跟着民警假扮的人贩子一起走了。

类似的手段，变一变就又是一种，但是除了用暴力手段去抢，其他手段都是一样的，万变不离其宗。人贩子各种五花八门的手段，本质上都是骗和诱。

一旦遇上人贩子，孩子就处在绝对弱势的一方，特别是幼儿的心智还没有发育成熟，本身对危险情境的识别能力就比较弱，抵抗诱惑的能力也很弱。

那么为了预防这种情况，我们要教给孩子哪些知识呢？

首先，教会孩子一定要记得自己的名字（这里说的是证件上的名字）、年龄和家庭信息（父母的姓名、电话）等。

相信很多人记得一部给我们带来了深刻印象的电视剧——《不要和陌生人说话》，这个电视剧虽然是讲家庭暴力的，但是这个电视剧的名字用在儿童防拐卖上面，也是很贴切的：**不要和父母或熟悉的亲戚之外的任何陌生人有接触和交流。**这里不单单指的是说话，还有我们之前说的拒绝来自陌生人的一切。这点一定要反复给孩子灌输，除了幼儿园组织的防拐活动，家长也可以经常和孩子做防拐的主题游戏，让孩子形成一种条件反射。

有专家曾经提倡给孩子**制作身份识别卡**，就好像有一些老人容易忘事情，出门的时候身上就会有一张身份卡，上面有一些家人的联系方式和个人信息。这种身份卡，对于儿童防拐卖也是很有用的；建议家长给孩子制作这样一张身份卡，放在孩子身上。

其次，佩戴通信设备、警示设备。比如，电话、手表、定位防走丢的设备、手机，或者是便携报警器之类的。教会孩子使用，必要时也许可以多一个自救的机会。

再次，还需要教会孩子一点，就是如果父母和他在人群中走散了，他要怎么办？应该告诉孩子千万不要着急，就站在原地等；而不是到处去找父母，孩子在到处找父母的时候最容易迷路走失。

最后，"Keep your eyes on them"。什么意思呢？就是不要看手机，不要看手机，不要看手机！重要的事情说三遍，这是现在暴露出的非常严重的问题，父母经常只看手机不看孩子，或者是只看自己感兴趣的东西而不看孩子，这是非常严重的过失。

我也是当爸爸的人了，知道在照顾孩子的时候，很多家长会忍不住玩手机、忙工作或者干别的事情。名义上是在陪孩子，实际上并不是。这件事情带来的影响可能是孩子被拐卖或是孩子容易因为父母的疏忽而受到意外的伤害。这只是看得见的伤害。那看不见的呢？比如，孩子得不到有质量的情感陪伴，他的心理层面会受到一定的伤害。所以，爱孩子，一定要从细节着手。

紧急应对

目前国家层面已经有了很多的寻回和紧急帮助机制，都在发挥着积极的作用。比如，公安部门在大概10年前就已经建立了全国"打拐"DNA数据库，确认孩子失踪之后，就可以启动这个数据库来寻找孩子。

但是可能还需时日才可以做到像美国的安博警报那样完备。安博警报是美国一直广泛使用的一个失踪儿童警报系统，至今广泛用于美国50个州，并为其他国家和地区使用。它利用美国紧急警报系统，通过商业广播电台、卫星电台、电视台，以及电子邮件、电子路牌、短信等方式广泛发布警报信息。

预防措施确实很重要，但是如果不小心还是成了拐卖行为的受害人，我们需要采取什么样的措施呢？

首先，要报警。对于报警，可能我们都会有一个误区，就是孩子失踪24小时之后才能报警。实际上，只要你确定了孩子被拐卖，如孩子走路还不利索，在不可能自己离开的情况下失踪，你可以立刻报警，不要去等24个小时，一定要"立刻"报警，把孩子失踪的地点、时间，孩子的特征如当天的穿着等，清楚、完整地说出来。然后配合警察做排查，调取监控录像。

当然报警也有一些注意事项。如果孩子已经是学龄儿童了，那报警前应该排除孩子自行回家或者是与同学一起去玩儿等情况，所以要先去学校和孩子经常活动的区域寻找，然后是联系同学，确认还是找不到孩子之后，再报警。

其次，实践中有一个方法，个人觉得是很不错的，可以起到很大的作用。这个方法叫作**"十人四追法"**，是什么意思呢？是一种主要搜寻的方法，需要多人配合。一旦孩子丢失，母亲必须原地不动，父亲召集10个人，分粗、细两层寻找。具体人员安排如下：4个人分别向东、西、南、北4个方向在两公里以内，沿大路寻找；4个人前往附近的火车站、汽车站等寻找，范围仍是两公里以内，以免歹徒抱走孩子后逃往另一个城市；剩下的2个人，1个人报警，1个人待在家里，以备孩子自己找回家。

最后，就是通过各种途径扩大消息的覆盖面，如通过网络渠道、商场广播、车站广播等扩散信息。同时需要注意回收信息的有效性，因为帮忙的人可能一下子有很多，很多信息会一下子涌过来，父母个人的力量大概无法关注到所有的信息。

尾行
下班路上遇上跟踪狂，做好这几步，帮你安全回家

本节我们来讨论一下针对成年人的一种间接行为，这种行为在我国不算是犯罪行为，但是有转化为其他犯罪行为的可能性。这种行为就是尾行行为。

尾行行为在日常生活中很普遍，可能不少人都经历过被跟踪，最终逃脱的经历，虽然并没有受到伤害，但仍然会感到后怕不已，可能往后的一段时间里出行都会有阴影。**经历尾行，会给我们带来很多负面的情绪，严重的可能会引发心理上和精神上的深度创伤。**比如，对非亲密关系的人的行为感到惧怕；不安全感上升，对人的信任感下降；严重的焦虑、躁动和紧张情绪的一直伴随；如果尾行行为持续，则会出现沮丧与绝望或者是不知所措等心理状态；压力感陡增、失眠，记忆力和注意力下降等；可能出现神经性厌食和神经性暴饮暴食；可能出现创伤性症候群的症状，如闪回。

这些还仅仅是发现被尾行之后，被尾行人可能出现的心理伤害。我要提醒大家注意一件事，**就是这种"被跟踪，最终逃脱"的模式，其实有一定程度的幸存者偏差。**也就是说，能够在事后，也可能是多年之后讲出这类经历，并且还能总结一点经验的人，都是逃脱了的人，那些没有逃脱的人呢？他们遇到了什么可怕的事情？不敢想下去。

👽 应对方法

这里需要再强调一下，虽然尾行是一种间接的行为，但是这种间接的行为有一定的概率转化为更直接和危害更大的其他暴力行为或性犯罪行为。那么，究竟应该怎样应对呢？

其实，尾行这种行为，预防起来是很有难度的。因为从某种角度来看，它代表的是行为人的欲望和喜好，与被尾行的人自身关系不大。也就是说，虽然行为人有自己喜欢的目标类型，但是，不同行为人的喜好可能都不一样，我们无法反推出来做些什么能够防备他们。藏在暗处的行为人就是在随机选择目标，所以预防难度可想而知。只有一种特殊的情况，就是被尾行的人和行为人认识，有社会关系基础，这个时候才有可能谈到预防，这种情况我们后面再讲。

你可能已经感受到尾行是一种普遍的、危险的和潜在致命的犯罪。值得庆幸的是，尾行虽然不太好预防，但是我们可以在行为出现早期进行干预，以防止尾行给我们造成伤害和转化为其他犯罪。那么我们来看看，该怎么样去应对尾行。

识别尾行

我们首先要识别什么人是尾行行为人，以及什么情况下可以说明自己正在被尾行。一般可能出现的场景和行为如下：

单纯跟着你，你走到哪里，他就走到哪里；你快他也快，你慢他也慢；你突然过马路或者改变方向，他也在后面马上跟着。反正就是随时在你身后出现。

不断给你快递一些东西，如各种礼物、信件、他的自白或是表白卡片之类的东西，或者更恐怖的就是给你快递一些你自己的照片，或者他私人的东西。

监视你住的地方或是给你的车装个定位等。你晚上起来上厕所，往窗外一望，发现一个人在你家楼下蹲着正看着你家的窗户。对你的手机或电脑做手脚，如安装程序或者植入病毒之类的。

假装与你有工作上的交集，到你工作的地方频繁地想遇见你，但是遇见了实际上也没什么正经事，反而给你带来了很大的困扰。

威胁要伤害你和你的家人，或者更严重的情况是跟你说你的朋友是谁，他知道他们的信息。

国外还有那种雇用专业人士去调查个人信息的，窥探你的生活细节，拿相机或者手机跟着你一直拍。

你可能已经注意到了，我所说的尾行，**并不仅仅是在大街上步行跟踪这一种情况，以上所列的所有行为，都可能是一个把你作为目标的尾行行为人干得出来的。**

所以，如果遇到这些情况，你基本上不用怀疑自己已经成了尾行目标。那么，接下来你该怎么做呢？

街头应对

如果你在校园、街上、商场等地方发现有人在后面跟着自己，**要相信自己的感觉。**如果在一个情境下，你觉得这个人让自己不舒服了，或者是你感到害怕了，那可能真的需要注意，因为有时候这种感觉是很敏锐的。

要始终保持一定的距离，这个距离应该是5米开外的，给自己一个反应时间去应对一些可能发生的突发情况。

不要回头看。在察觉到被人尾行了以后，不要回头看，要装作若无其事的样子快速走到有人的地方或者想办法求救。

马上转变自己行走的方向，如过马路、急转弯等，但是不要回头走，这样你容易和尾行人正面撞到，产生一些摩擦。

试着与值得信任的陌生人说话。如果你发现自己被尾行，可以选择找一个你觉得靠谱的陌生人说话，就是让行为人感觉你和这个人好像是认识的，所以不管是不是真的认识，先拉过来说两句话，震慑一下行为人。

立刻选择公共交通工具离开。比如，可以到路边打车，或者冲上停在站台的公交车，或者直接用手机软件叫车，等等。

进入拥挤的人群。如果你发现自己被尾行，那么可以选择进入拥挤的人群，这样行为人就很可能跟不上你了，挤来挤去容易跟丢。

走进商场和超市也是一个很好的选择，那里人多，有监控，还有保安，这些因素都可以很好地阻止尾行人行为的持续。

打电话给家人。如果你发现自己被尾行，不管是不是真的要打电话给家里人或是朋友，先拿起手机，假装打也行，声音尽量大一点，要让尾行你的人听到你在说什么，利用这样的行为去震慑住他。

如果你确定要走一段你认为不安全的路，或者是之前你有过被尾行的经历，那么请你一定不要一个人走，找朋友或家人陪你一起走。

当然还有最重要的手段——**报警**。你可以选择第一时间报警，然后尽量找到派出所或移动警务车，并朝着它们的方向走。

复杂情况应对

如果是其他情况的尾行，如工作骚扰、快递各种东西、电话监视甚至是威胁，那么，**不要试图与尾行的人沟通或者是回应他的一些行为**，这样会让尾行的人更加执着于自己的行为。

试着保留证据。当实施这种行为的人尾行你或联系你时，写下时间和地点。保存电子邮件、短信、电话信息、信件或便条，拍下任何你可以拍下的东西、场景，或者是保留尾行的人对你造成的伤害等，以便取证。在报警之后，警方能够更容易根据这些证据采取措施，控制住尾行你的行为人。

申请人身保护令，一旦成功，就能以法律的形式禁止尾行的人以任何形式与你接触。我国目前在广州和深圳已经有了相关措施，其他地方应该也已经在进行尝试，这是对顽固尾行人很有效的制裁手段。

有社会关系基础的尾行应对

对于有社会关系基础的人实施的尾行行为，如离婚后的前夫、前妻的尾行；或是恋人分手后前任的尾行；还有一些彼此相识，一方准备展开追求而进行的尾行；等等。可能有些人把这种行为解释为一种浪漫的痴情，或者是挽回情感的做法，还有些人觉得这就是小打小闹开玩笑。但是我要告诉你，其实都不是，这就是危险性行为。

对于类似这些因感情问题而发生的尾行行为，最好通过中间人说清楚或者是在没有危险的情况下自己去和他当面说清楚，地点选择在公众场合或者人多明亮的地方，并且要有人陪同。如果对方还算通情达理，基本上在沟通之后，这种行为就会结束。如果对方的尾行行为仍然在继续，被尾行的人就可以参照上面我们讲过的那些方法，相信自己的直觉，注意保留证据，只要觉得有危险，不要犹豫，马上报警，在可以的情况下申请人身保护令来保护自己。

盗窃

遭遇失窃，如何做可以有效减少财产损失？

本节我们来了解一种普遍发生的行为——盗窃。盗窃其实分为多种类型，有针对个人的户外盗窃，如偷个手机、偷个随身财物什么的；有比较吓人的入室盗窃，不仅带给我们的心理冲击很大，而且客观上转化成重暴力犯罪的可能性也比较大，需要我们特别重视；此外，还有针对公共部门的盗窃。本节我们主要来关注一下和每个人日常生活更为贴近的前两种盗窃行为。

应对方法

一般盗窃

发生更多的是一般类型的盗窃，如走在路上，或者上下班期间在拥挤的交通工具上，或者周末逛街的商场，以及去参加人挤人的演唱会、音乐节等情况下，包被划了，手机被偷了，或者是其他随身物品被人顺走了，等等。针对这一类型的盗窃行为，预防的方法无非就两个字——注意。

● 盗窃预防

我们不太有办法去阻止普通盗窃行为的发生，因为一般它都发生在相对隐秘的情况下，小偷出现在我们的视线范围之外，作案速度很快，还有团伙作案的概率。所以要是不想被偷，其实就只能多注意，注意自己的财物和随身物品。这些提醒注意的事项，有的时候交通工具上会有广播告知；还有就是不要在人多杂乱的地方露财，如钱包打开之后一张一张地数现金，然后买了东西再放回去，这种情况就很容易引起小偷的注意。另外，如果你要去一个比较杂乱的地方，最好在随身物品的选择上留心一下，平时喜欢拿手包、斜挎包，这时候就背个双肩包，背在前面，被小偷盯上的概率就会小很多。简单盗窃的预防措施大概就是这样。

● 补救措施

如果被偷了该怎么办？首先就是报警。不要觉得小偷都是打一枪换一个地方而被偷了是一件无法挽回的事情，或者是觉得被偷的东西不值钱、损失不大就产生吃闷亏的想法，不报警。报警了，警方说不定可以并案处理或者调监控找人。其次就是你可以去周围的垃圾桶找一找，说不定可以找回证件和空钱包。因为钱包丢了的话，小偷可能只会拿走钱，其他东西在附近顺手丢掉的可能性很大，所以在附近找一找，说不定证件就可以不用补办了。要是手机丢了，那这招就不用想了。

入室盗窃

这种盗窃手法对一般人的心理冲击很大，因为我们会认为家里或者说住处，是一个可以给我们提供基本心理安全感的港湾，而入室盗窃，就是小偷都偷到自己最在乎的地方了，睡觉的地方出现了危险，相信任何人都会在第一时间感到恐惧。

● 情景一：门锁安全

我们首先可以做的，依旧是预防。先来看看硬件方面的问题，如门、门锁、监控之类的问题。你家的门，安全吗？你可能觉得挺安全的，毕竟门看上去挺厚的，所以我们平常一般把门一带就出门了。可能一些新的楼盘很少有两层门的设计了，年轻人大概也懒得装防盗门，觉得不好看、很土。入室盗窃的行为人，最喜欢的就是这种简单门，对于他们来说开这种门没有什么难度。那么问题来了，入室盗窃者开门需要花多长时间？

我们先来看日常生活中的情况，就是我们曾经可能有被反锁在门外的经历，或者是钥匙不好使、开不开门的经历。这个时候你就有两种选择，一种是自己踹门，这可能需要一定的技术，踹不好脚伤了就麻烦了；另一种就是找一个在公安备案的开锁师傅来给你开门，师傅来了之后会用各种方式把门锁搞定，速度有时候很快，如果不是门锁坏了的话，那速度有时候快得你觉得这个钱花得有点冤枉。

入室盗窃犯罪行为人可能比开锁师傅还要追求速度，因为开锁师傅又不做坏事，慢慢来，不紧张，而入室盗窃的过程中随时都有可能出现新的情况，所以行为人争分夺秒是一定的，一般开一个锁也就40秒左右。

该怎么办呢？个人建议，门一定要有反锁的功能，而且你要用到这个功能。比如，酒店里的门都有插销，回来就把插销带上，出去把门反锁一下。你可以想一想自己平时有没有反锁门的这个习惯，要是没有，还是建议你改一改，把反锁门的习惯培养起来。**有研究显示，仅反锁门的这个行为，就可以减少75%左右入室盗窃者对门锁的破坏。**

如果你觉得反锁门带来的安全感还不够，那可以用一些辅助工具来加强门的防盗功能。这一类的工具网上有很多，很容易买到，安装也不复杂。

关于门锁，可能还有两点需要注意：

第一，不要学电影里面那样，把钥匙留在门周围的什么东西的下面，或者是放在消防栓里面。你看电影，入室盗窃者也看啊，如果可以"兵不血刃"进入你家，这是多好的选择。

第二，搬到了新的地方，先考虑换个锁。你可以选择电子猫眼，有人出现在门前可以识别和通知，还可以通过电子猫眼通话。如果有人按门铃，你也可以通过这个来回答。入室盗窃者为了确保你家中无人，一般都会按门铃或者敲门，要是有人回答他就说自己找错了，没人就直接进去了。这种敲门或者按门铃会持续一段时间，等他们觉得屋里面真的没人才会放心。

● 情景二：环境安全

你要出个远门，有两三天不在家，担心自己家被盗贼盯上成为目标，所以你决定把所有灯都打开，窗帘也给它拉起来，就是为了让外面的人看不到屋子里面的情况，以为有人在。

如果你是入室盗窃者，你会怎么想？如果是我的话，我需要寻找下手的目标，在几个小区踩点，发现这个房子白天拉着窗帘，灯还一直开着，到晚上几点都是开着的，没有人影，信箱里还有这两天的信没拿，那我肯定立刻就准备盗窃了。因为我会觉得房子里面没人。

所以反过来考虑，我们应该怎么做呢？可以请朋友或亲戚时不时到家里去一趟，清理一下信箱和快递之类的；不要打开所有屋子的灯，如果有的话可以打开光感灯，这种灯晚上开，白天自然就灭了，或者选择智能家居也是可以的；窗帘不要都拉上，哪有人住的房子把窗帘24小时全拉上的，保持正常水平就行了。

● 情景三：危险应对

如果你回到家，发现门有异样，或者是屋里传出奇怪的声音，这个时候你要怎么办呢？或者你正在里屋睡觉，听到客厅有异样的响声，你该怎么办呢？可能有人会说，直接冲进去或是冲出去抓个现形！然后打电话报警。我要是你，我不会这么做，主要是因为窃贼可能不仅仅是偷窃物品，尽管大多数窃贼愿意选择没有人在家时行窃，但如果在行窃时突然有人回家或者行窃时发现有人在家，入侵者可能会做出其他犯罪行为，如强奸、抢劫或故意伤害。

那我到底应该怎么做呢？可以敲门。没错，要我从外面回来觉得有异样，我会先敲门，目的就是向里面的盗窃者发出警告，告诉他有人来了，大多数盗窃者这个时候会逃走，如果他应门了，你就学他们，说找错人了。然后你需要立刻报警，不要犹豫，越快越好。等到警察来了，你再进入自己的房间。

如果你在里屋内，听到外屋有异响，该怎么做呢？这里我要提醒一下，除非你居住的环境非常安全，否则我建议你睡觉的时候反锁房门。回到屋外有异响的情况，你可以选择反锁房门，打电话报警，或者打家里的座机，先警示。如果这个时候盗窃者试图冲进来，要赶紧找重物把房门顶住，然后打开电话的公放报警，声音越大越好。

如果你没有电话怎么办？可以喊叫或者触发烟雾报警器。如果你喊"有小偷"，可能很多人并不会有反应，因为又不是自己被偷；但是如果火警响了，那么很多人会第一时间出来看看发生了什么，这个时候自然是求助的好时机，当然，如果不是迫不得已，不要去触发火警。

抢劫

突遇持刀抢劫，普通人怎么做更可能保命？

本节我们来讲一种财产与暴力相结合的犯罪行为——抢劫。抢劫者的主要目的是求财，通常以暴力威胁为手段。记住这一点，很重要。

抢劫行为一般都比较直接，行为人也没有太多心理特点，基本初始的犯罪动机都是求财。但是，抢劫和入室盗窃一样，有转化率，而且一般这种转化都是在突发状况下发生的。

需要注意，我们讲的所有与抢劫相关的预防也好，善后措施也好，都是建立在生命安全是第一位的基础上。说"要钱没有，要命一条"的，这里可能不适用。

比如，有这样一个案例，甲在取款的时候遇到抢劫，为了震慑抢劫者，他说："要钱没有，你把我打死吧！"然后抢劫者就真的直接开枪了。当然这种情况本身比较特殊。如果是在有24小时提款机的房间里实施抢劫，受害人采取的最好的措施其实就是给他想要的，等抢劫行为结束之后再报警。装有提款机的房间里面都是监控，还有红色的紧急求助按钮。在这种情况下，其实抢劫者是跑不了的。类似的情况还有对加油站、便利店等的抢劫，这一类的抢劫国内好像比较少，国外倒是时有发生，抢劫者所持凶器也有明确的区分。

👽 应对方法

除去我们说的几个特殊场景，抢劫也分为几种形式。我们首先看一种与抢劫类似的情况——抢夺。

情景一：飞车抢夺

这种情形与抢劫很相近，但法律规定上有区别。**抢夺与抢劫的法律区别其实就是抢夺行为中行为人没有使用重暴力**，也就是暴力没有达到受害人反抗不了的程度，而且抢夺一般采用的是直接夺取。

飞车抢夺其实有显著的特点，也是有关部门重点打击的对象。因为飞车抢夺对于犯罪行为人来说风险最小、得手最快，并且行为人被抓到的可能性也相对较低。他们很多情况下需要的，是一辆速度比较快的车，大多时候是摩托车。你要是弄个自行车，骑得再快估计也不好得手。

飞车抢夺在一些禁摩的地方应该已经不多见了，但是飞车抢夺仍然是很多城市、乡镇地区高发的犯罪类型。比如，你拎个包在马路上正走着，这个地方也不是什么偏僻的地方，人挺多的。突然后面就来了一辆摩托车，或者是大功率的电动车，你感觉突然被拽了一下，包就脱手了，只是一瞬间发生的事情。然后你发现有两个人骑着车就跑了，基本是不会停下的，你愣在原地，追也追不上，喊也没有用，因为眼看着实施飞车抢夺的人以一个很快的速度离开你的视线。那么，这种情况，应该如何避免呢？

如果你是拿着手拎包，尽量靠马路内侧行走，要是一定要走路边，就把包拎在内侧。

双肩包好过单肩包，单肩包好过手拎包。也许看起来不够美，但是如果你走在一个飞车抢夺多发的区域，那肯定是要进行取舍的。

出门不要带太多的财物。

如果遭遇了飞车抢夺，请一定第一时间松手，因为在速度太快的抢夺行为进行中，你抓着包不放，很容易被带倒，且大概率会发生被拖行的状况，这样会造成身体伤害。之前看到过一个案例，就是在抢夺过程中，受害人一直抓着包不放，犯罪行为人用刀砍断了受害人的手。若是发生这样的情况，对于你来说，损失的就不仅仅是财产了。

切莫追车，有些案件中女性受害人在应激状况下开始追车，可能还一边追一边怒骂。这种做法同样很危险，因为你的行为可能同样出乎犯罪行为人的意料，于是为了摆脱你的追逐，他可能会用随身携带的凶器伤害你，迫使你停下。

情景二：一般抢劫

一般抢劫的发生都有一定的环境特点，如照明不足、夜晚、偏僻区域等。行为因素上常出现暴力或言语威胁、持械等。一般抢劫的目的非常明确，就是求财。比如，你下班路过一个照明不足的黑暗小巷，或是和朋友出去聚会至凌晨才回家，你走在路上的时候，突然前面冲出来一个人，或者他已经跟了你一段时间，找了个机会，拿着刀对着你说："抢劫！把值钱的东西都交出来！"可能这个人离你的距离不远也不近，就那么两步。这个时候你该怎么办？转身背着包就跑吗？**其实，你需要注意以下几点：**

不要专注于看手机或是戴着耳机经过这些地方，要注意观察周围的情况。

第一时间上交随身财物，并表示身上已经没有其他东西了；你当然可以选择跑，但是请先把财物交给抢劫者，你要是不给直接跑，他大概率会两三步就追上你，然后对你使用暴力，再抢走你的财物。

在整个过程中不要刺激抢劫者，因为刺激会带来行为的转化。可能的刺激有"我记住你了""我会抓住你的""我不怕你""要命可以，要钱没有"等带有明显挑衅语气的话语。

等完全安全离开的时候，再报警。

情景三：入室抢劫

这和我们提到的入室盗窃有什么区别呢？入室盗窃的话，行为人一般会踩点，当他选择行动的时候一般是觉得你家里没人，当梁上君子偷偷来去。入室抢劫则更像亡命之徒仗着有凶器就破门而入了。比如，你一个人或者是多个人在家，这时有人破门或者破窗进入，手持凶器，你该怎么办？需要注意的是，入室抢劫是转化率非常高的行为，由于空间存在局限性，以及暴力闯入对受害人空间侵犯带来的恐惧，受害人甚至包括抢劫者都处在高度紧张的状态，所以很容易出现抢劫转化成其他暴力犯罪的情况。入室抢劫和一般抢劫一样，你需要注意以下几点：

第一时间上交随身财物，并表示入室抢劫者可以随意拿走家里的东西。

不要刺激抢劫者，对于可能激怒对方的言语和行为都要克制，因为刺激会带来行为的转化，而入室抢劫本身的行为转化率非常高。

等到完全安全的情况下再报警；或者如果你有十足的把握有效隔离自己与抢劫者，你也可以通过其他形式在这种状态下报警。比如，你冲进房间把门锁起来了，但是这种我也不提倡。在和歹徒共处一室的情况下，等待警察来的这段时间有可能会发生意外。

尽量往门口移动和站位。

👽 预防措施

怎么预防自己成为抢劫或者抢夺行为的受害目标呢？

根据研究统计显示，23点到翌日3点，是各种犯罪行为的高发时段，所以这个时间尽量少活动，该睡觉就睡觉。

门的材质也需要注意，请不要用太脆弱的材料做门。

门锁请用有反锁功能的，或者直接换个有监控的电子锁。

对入室抢劫来说，窗户上的防盗网是一定需要的。

注意居住地周围的环境。

尽量避开照明不足的区域，尽量结伴同行。

出门尽量少带财物，当然现在移动支付已经很普及了，这点是很容易做到的。

最后再说一个问题，就是很多人会问，遇到抢劫者是否可以通过言语的方式避免自己受到伤害？比如，你想好好地和抢劫者聊一聊，或者告诉抢劫者自己也实在不容易啊，等等。我可以很明确地回答你，可以，但是需要看情况，而这个判断其实并不好做。什么意思呢？关键的点就是你要判断抢劫者的紧张程度。有一些"新手"其实是很紧张的，你也许可以用言语的方式避免自己受到伤害，当然钱还是要交出去的，因为不管是不是"新手"，他犯罪的目的就是得财。

之前也有新闻报道，受害人对抢劫者说"你不要紧张，我理解你的难处，我也有难处，但是你看，我就这么多钱，给你一半怎么样"。如果遇到的是"老手"，用言语去避免伤害，你还是别想了，他几乎不会同情你的。

另外，提出这种想法的人可能觉得，自己遇到这种情况的时候，心理素质一定很强大，不仅不害怕，还能非常淡定地对歹徒观察入微。但从实际情况来看，这种程度的心理素质是很难做到的，一个不小心，用来劝慰对方的话反而刺激到了对方，那受伤害的还是自己。所以，不建议多数人考虑这一点。

网络诈骗

面对五花八门的网络骗局，如何以不变应万变？

👽 知识概念

网络诈骗也叫网络欺诈，这种犯罪行为，完全就是时代发展的产物。首先出现网络诈骗的领域，就是电子商务。那个时候网络是新生事物，所以几乎没有人考虑到会有网络犯罪，最初也并没有相应的预防措施。大概到1998年的时候，电子商务网站充满了整个网络，其中很多具有危险性，这种危险性主要体现在对信用卡信息的窃取方面。当然现在我们可以看到，在网上购物，都需要经过层层的身份确认和筛选了。

当然了，现在网络诈骗的形式也早已经更新换代，不单单是当年的网络信用卡信息窃取与诈骗了。随着网络的发展，网络诈骗有了更多的模式来套路我们每一个人，如身份信息诈骗、网络游戏诈骗、网络交友诈骗、网络中奖欺诈和网络博彩诈骗等。所有的这些，其实都是网络钓鱼行为。**其实网络诈骗是不分性别的，所有人都要多加小心。**

👽 现象分析

我们现在来讲一讲如何避免自己变成鱼被钓走，或者降低自己变成鱼被钓走的概率。

情景一

如果你看上了一件很喜欢的东西，在实体店很难找到，就去网上搜。这么巧，有一个网站在卖这个东西，你点进去之后发现这个网站看上去很正规，还有很多商品在售；网站下方还有各种地址之类的。你很兴奋，把东西直接加进购物车。这个时候就会有客服来联系你，一般会出现以下两种情况。

情况一：有个小窗口弹出来，客服会很热情地和你打招呼，告诉你他们现在在做一个很合适的优惠活动，给你简单介绍了一下。当然这些都是铺垫，重要的是，你现在可以半价买到这个东西，刚好活动就在这几天结束，错过了就没有了。你需要做的仅仅是根据网站指引填写一些信息。你会怎么做呢？

情况二：有个小窗口弹出来，客服非常热情，说恭喜你中奖了，奖品是可以用1元钱来换购这个东西。你需要做的事情也很简单，就是根据网站要求，填写一些信息，然后支付就可以了。你会怎么做呢？

以上两种情况，常见于网络购物过程中。很多人会说正规的购物网站应该不会有这样的问题出现，没错，正规的购物网站出现这种情况的概率会比较小，但是并不是所有的东西都可以在正规的购物网站上找到，当然还会有其他因素在影响购物行为。那么，我要是你，在最终付款之前，我会做以下四件事情：

第一，查询一下网站有没有在政府部门备过案。如果备过案，那么通常网站下方会有显示。但是不是通过修图的，这个要注意。

第二，查看一下东西的价格是不是与市场价格相差较大。有一个很简单的逻辑是，网站是一个公开的区域，如果你可以相对低的价格买到本身很难找的东西，那这个东西真的有那么难找吗？这个便宜怎么就轮到你来占？每当占便宜的心理出现的时候，都要这样反问一下自己，千万不要头脑一热就被牵着鼻子走了。

第三，要小心任何需要输入银行卡密码的购物网站，小心任何邮件形式的中奖信息，真的中奖了还能用电子邮件发？更何况你都没登记过什么地址，人家就自动找上来了？

第四，还要注意一下，要求先支付全款，或者有些还要求先电汇全款后发货的，可以通过有一定双方制约机制的平台。

情景二

老人生病了，特别是得了慢性病或者老年身体机能衰退之类的，他就去网上搜索什么药可以治自己的病，结果点开了一个网站，里面有各种用户体验，什么这个阿姨、那个叔叔的，用过药都说好，并且保证可以治愈，不能治愈全额退款……这个一看就很吸引人，简直神药一般的存在。于是老人就要买，立刻就得买，你不让他买他还得跟你急。怎么办？

同样的套路比如投资，你点进去一个投资的网站，一看是国外的机构，规模很大，再一看总部照片、投资者活动照片等，觉得很正规。那么重点来了，投资可以保证你得到很高的回报，还保证你本金无损失，你觉得自己不投就是笨蛋！并且从你点进网站开始，所谓的经理人就来联系你，线上线下地联动劝你投资。你会怎么办？

遇到这类事情，我建议大家先思考如下几点：

有没有什么事，是可以有100%的保证的？风险存在于每件事上，再精准的机器都有误差，更别说投资之类的事情。投资从来都是高回报和高风险相伴随。

既然是疑难杂症和慢性病，为什么发现了特效药而正规的医院不广泛使用，或者为什么正规的医生不推荐给你？

对于效果宣传，要是真的有那么好，需要在一个小网站上搞这么多照片去渲染吗？

👽 应对方法

网络诈骗的花样翻新越来越多，我们很难穷尽所有的情况然后——

应对，这样仅仅是记住骗局的形式就已经很累了。

预防

我们需要总结一下在网络生活中需要注意的事项，看一看如何从源头上降低自己被诈骗的概率。

前述两个情景中的问题，就是一种有效的思维训练。我们可以经常想一想，反问一下自己，就能够有效地提升自己防骗的意识。另外，有一个简单的招数可以有效提升我们的反诈骗意识，就是在买东西之前，先搜索一下"网络诈骗""购物诈骗"一类的关键词，看一些相关的案例或者别人总结的技巧，看完再去选购商品。刚刚看过的别人被骗的惨痛经历还停留在脑海里，这时候人的防骗意识是很高的，也就不容易被骗子套路。

另外，我们还可以做的事情有：

在网络上少留个人的隐私信息，包括地理位置、证件信息、家人信息、车辆信息等。

正确看待网络信息，虽然它给我们带来很多便利，但同时也带来很多风险，现在的网络信息依旧很杂乱，自己要学会筛选。

网络购物时一定要选择正规的网站。什么算作正规？有一定规模的、经过政府备案的、有实际有效地址的，最重要是有安全支付途径的。

正确看待风险与回报的关系，屏蔽掉"保本儿""高回报"这类词，与购物时一样，要找正规的网站。

如果你自信不会上当受骗，反而要经常担心身边的人中招，如家里有老人的或是盲目热衷投资的人。那么，**你首先要做的，是多关心对方的需求**，了解他关注什么、需要什么；如果你发现对方正在关注一些不安全的信息，不要急着和对方讲道理，因为客观、理性地分析一件事情的好坏，对于已经相信它且头脑发热的人来说，是很难听进去的。尤其是老人，他们的大脑认知功能已经衰退了，可能你说半天，自觉很有道理、逻辑缜密，而他已经被你绕晕了。

一个可能有效的方法是和对方讲故事。你要辛苦一点，多收集一些真实的、负面的案例讲给他听，摆给他看，正规新闻都报道了，那么多人被坑了；或者是，隔壁小区的王大爷就是吃了这个药，结果耽误了病情，已经住院了；等等。这些真实的故事，更有感染力，也更有说服力，所依据的就是心理学上人际影响中的边缘路径法。

如果发现自己遇到网络诈骗了，应该怎么做?

一定要报警。这不仅是在帮助自己，也是在帮助后面更多的正在点击和浏览类似网站的人。

不要陷入自责和自我否定里。不要觉得"我怎么那么笨"，要知道，错的是实施诈骗的人，他们在犯罪，而你只是不幸成了受害人。不要让受害人责任论绑架自己。

洗脑

如何识别并抵挡别人的洗脑侵袭，不中招？

👽 知识概念

说起"洗脑"，我们可能都知道这个词语的含义，但是又好像不能把它简单地说清楚。这是因为，我们在不同语境下使用这个词语的时候，它的意思的确不一样。概括来讲，**洗脑所对应的心理学范畴有两个，一个是人际影响或社会影响，可以把它叫作影响心理学。这个意义下的洗脑，几乎每时每刻都在发生**：打开 App 看到一个开屏广告，和朋友聊一件事情，听一个演讲，等等。有交流的地方，就有影响发生。**另一个是精神控制或者说心智控制**，是一个更加精确也更加狭隘的定义，一般只有在传销、邪教或是政治控制中才会出现。

这两种类别的洗脑，都可能被不法分子用于犯罪。从我们的角度来看它们的区别的话，在第一种洗脑的情形下，犯罪程度往往较轻，受害人被洗脑的时间较短、程度较浅。比如，网络诈骗，有一些诈骗套路就运用了这种洗脑术。而第二种洗脑，如果它被用于犯罪中，一般就是被用于群体，性质比较恶劣，对受害人的心理影响也很深远。

我们现在要讲的洗脑预防，主要就是针对后一种的精神控制。

精神控制中常用的手段有哪些呢？主要有三大类：第一，信息控制，即只给你提供一个种类、一个来源的信息，没有不同观点的内容，花样百出地反复灌输，同时限制你接触其他信息；**第二，行为干预，**可能的办法有去个性化，制造仪式感、稀缺感，制造群体压力，同时强迫你参与，具体来说，就是强迫穿统一的制服，做统一的动作，或者是不断重复无意义的事情，可能一开始还觉得傻，但是不断地重复就会让人陷进去；**第三，也是最为高级的洗脑手段，即摧毁人格，**通过各种暴力手段让人进入习得性无助或者斯德哥尔摩的状态，最终对实施控制的人盲目崇拜、言听计从。很多时候，前两类手段的交叉运用，就能达到很好的精神控制的目的。

👽 现象识别

情景：传销

比如，你毕业之后做着一份普普通通、没什么晋升前途的工作，时不时地担忧一下前途、工资，经常觉得自己前途渺茫，很着急。很巧，这个时候，曾经的一个老同学找到你，对你说自己最近在做什么事，很不错，邀请你有时间去看看，但是在其他的城市。刚开始你还是有些犹豫的，但是他时不时找你说一说，分享一下自己的经历，你就觉得那去看看吧。当然，你也没那么傻，提前和很多人说了，如果自己被骗了就帮忙报警之类的，然后你就去了。

去了之后，老同学带你到住的地方，介绍新朋友给你认识。接着你会上很多课、学习，和其他同学一起吃、一起住。你觉得自己可能是进到传销组织了，你想走，就和同学说了。没想到同学说，可以啊，不合适就可以走。嗯？你就觉得这个和自己了解的传销好像不太一样，反而留了下来。

这时，你可能会有一个疑问：暴力呢？限制人身自由呢？其实，研究报告显示，在我国整体的传销中，暴力和限制人身自由的部分只占了20%左右，剩下的则是"温和传销"。暴力的情形主要集中在北方，温和的则主要集中在南方。不要以为传销快要或者已经销声匿迹了。

🛸 预防与应对方法

在以上场景中，万一真的被限制了人身自由，该怎么办呢？

一定要保持内心警觉，不要暴力违抗，因为敌我人数太悬殊。

可以慢慢寻找求救机会，如利用各种纸条、暗示去求助，只要遇到求助的机会就要去做，增加自己被看到的概率；还可以试着假装去迎合行为人，以获得更多的自由度。

在非暴力的情况下，我们要怎么预防被精神控制，也就是通常所说的被洗脑呢？

首先，要警惕情感绑架。情感绑架是洗脑常用的招式，先让你建立起情感或是社会关系基础，然后慢慢地在这个基础上磨你，利用的就是我们日常生活中不好意思拒绝、碍于情面的心理。所以，如果有个人之前都不怎么联系，突然开始关心你，没事就邀请你出去玩，你就要注意了，特别是请你去陌生的城市这种。这个时候，不管对方有多关心你，多热情地邀请你，都一定要果断拒绝，不要觉得面子上过不去，别留余地。

其次，可以多用问题法做思维训练，提升自己的洗脑免疫力。具体怎么做呢？平时多问问自己，无本万利的事情，是不是真的存在？他为什么把这些信息告诉我而不是别人，他有什么目的？有没有反对他这种观点的人，反对的人怎么说？有没有负面案例，负面案例中的人发生了什么事？凡事多问一个"为什么"，多留一份警惕心。做好这一步，我们往往能在洗脑的第一个信息轰炸阶段，成功免疫，不会进一步受到侵害。

再次，还可以用分析法。这是建立在这个世界的基本逻辑构成的基础上的，怎么讲呢？就是分析事物之间的对等和呼应关系，如果出现收益和风险不对等，或者是无法呼应的情况，基本上就要在心里敲响警钟了。因为类似无本万利的事情，像永动机那样，不消耗纯产出，这么绝对的东西是不存在的。

以买假药这个事情为例，我们来分析一下，假如真有所谓的神药，那还有慢性病吗，还有绝症吗？有一个基本的常识是，在全球化的今天，不太可能有那种武侠小说中才会出现的情节，如秘方，别人不知道只告诉你一个人这种。这年代有什么事情是真的可以不被知道、不被传播的呢？所以，太绝对的东西，都需要审慎地看待。

复次，识别诱惑。洗脑的方法常常是攻击你的心理软肋，这个软肋就是你特别渴望而暂时没有的东西。那么，我们能做的就是提前认清自己的软肋，当别人拿这个做靶子的时候，能够马上辨别出来，而不是直接掉进坑里。比如，经济领域的洗脑是这样做的，他们经常塑造典型和目标，也就是人设。年薪百万都是少的了，年薪千万刚刚入得了这个门槛，动不动年薪千万的人就有一大把，这个实际吗？这个就是抓住了你渴望成功的想法，然后告诉你，你也可以像他一样，有地位又有钱。而且他的那个路子，往往还特别简单。那你就得知道，这是别人在针对你了。

最后，我还是要多说两句，其实防洗脑，说难很难，说简单也很简单。因为一般容易被洗脑的人，可能本身在"三观"方面，都是有自己的漏洞的，所以才会被筛选。所以，类似于我们前面讲的，掌握这些技巧是可以在偶然的情况下去弥补的。

但是要想整体上脱离这个筛选的范围，不再成为坏人的目标，那需要做的就是**综合性的个人提升**。具体来说，需要侧重在认知升级方面，主要就是多读书，与家人、朋友多正面交流，正确看待自己的经历和能力水平。其中，多读书我觉得是最重要的，因为看书，是一个可以最简单地获取一些高等级知识的方式，你站在一个新的高度，再去分辨这些套路，它们就会变得无比清晰了。

关于洗脑，刚好有一本书可以推荐给大家，就是著名心理学家菲利普·津巴多的《态度改变与社会影响》。它非常全面地涵盖了社会影响与精神控制方面的心理学知识，当然这本书有点难啃，如果你对洗脑这个话题很感兴趣，或者对深入学习影响心理学感兴趣，那么这本书会是一个好的开始。

涉众暴力
突发意外逃生法则，一招逃脱公共危险

本节我们接着来讲一个群体方向上的内容，不是群体参与，而是涉众暴力的处理与应对。

👽 知识概念

涉众暴力是暴力犯罪的一个类别。**所谓涉众，就是涉及公众或大众，典型的场景就是在广场、学校一类公开场所或是公共区域，针对一群人而不是一个人的暴力犯罪。**这个分类包含的范围比较广：未成年人和成年人、犯罪人与受害人，都可以包含在里面。比如，未成年人作为犯罪人的涉众型暴力犯罪占涉众型暴力犯罪的16.55%，其中未成年人持械涉众型暴力犯罪案件较为突出。

我们注意到，这几年针对群体的暴力犯罪行为，尤其是无差别的群体暴力、攻击行为时有发生。比如，叉车撞人、商场砍人，或是焚烧公交车，等等。这些事件的发生当然有很多原因，每一个案件背后的犯罪动机也有差别。前文我们已经分析过这类案件，这里就不多说了。归纳总结来看，涉众暴力主要包括发泄报复、寻衅滋事、聚众斗殴、涉黑暴力等情况，当然在经济领域还有涉众型经济犯罪等。

我们该如何预防和处理涉众型的暴力犯罪呢？一方面，要减少这类

犯罪案件的出现；另一方面，也是更重要的，就是万一自己遇上了，该如何自保、争取活命。

🛸 预防措施

这里主要是一些宏观的内容，就是政策性支持的内容。

法律普及和教育的问题。很多涉众暴力之所以会发生，是因为犯罪人不明白这么做会给自己带来什么，特别是青少年这个群体，基本上对法律了解不多，很多时候就是什么都不想，直接冲上去干，有一种"做了就做了，管他呢"的态度。关于这个方面，通过加强普法教育，还是有一点改善的可能的，毕竟一旦了解了法律的后果，潜在犯罪人在行动之前都会有更多一点的思考。法律普及听起来离我们挺远，其实，落实到生活中，你我也是可以出一点力的。比如，你是老师，可以在自己班里组织普法主题班会；你是家长，那就建议学校多组织相关的讲座。当然，居住的小区也可以组织开展相关的活动。我们不需要像法律专业的学生那样将法律应用得很娴熟，多一些法律意识就可以了。

增加对边缘群体的社会支持和帮扶，或者说给他们体面生活的机会。我们注意分析一些涉众暴力的案例，会发现犯罪的一个共同点——无缘。这是什么意思呢？如果一个人在生活中重要的四个方面都缺失的话，那他就是一个"无缘"的人。是哪四个方面呢？首先，他没有朋友，连一个可倾诉的人都没有，这叫"无社缘"，"社会"的"社"；其次，他的家庭关系崩坏，父母、伴侣、孩子都和自己不亲，甚至断绝来往、决裂了，这叫"无血缘"；再次，他和家乡的关系也基本断绝了，如不参加老乡会，或者在生活的地方没有一个熟识的老乡，就叫"无地缘"；最后，他的工作也没了，那就是"无工作缘"。不难推测，如果这四种"无缘"被一个人给占全了，他所有的外界联系和支持都没有了，那么要不了多久，他就会走向极端。

当然，这些情况的出现，肯定是各种原因所致，有这些人自己的原因，也有一些社会支持和帮扶存在短板的原因。如果能够给予他们多一些支持和帮扶，这种涉众的暴力行为可能就会少一点。因为很多时候，这种暴力行为的动机就是通过报复社会来发泄自己认为在遭到不公待遇时的情绪。如果能够从源头减少一点这种负面情绪的累积，那是不是就可以影响这种动机下的行为呢？

这对于再社会化的出狱人员很有帮助。因为一个刚出狱的人，很可能处在一个"无缘"的状态。这个时候，社会帮扶如果能够马上跟进的话，就能在很大程度上降低这个人的再犯率，以及减少犯罪行为继续恶化的可能性，这也是目前能下最大力的地方了。

强化社会治安管控。在加强帮扶的同时，我们经常说要"两手抓，两手都要硬"，还有一个方面当然也不能少，就是管控。对什么地方进行管控呢？如果你平时留意一下就会发现管控已经在进行了。在一些特殊时段，如春节前后，或者是节假日之类的，对人流量集中区域，像商场、步行街、KTV及各种展会之类的地方其实都有专项的管控措施，这方面投入的力量还是挺多的。治安管控是一个全方位的词，其中比较重要的就是对管制器具的管理，如严格的飞机安检等。如果没有器具，那么涉众暴力造成的伤害和威胁在短时间之内都是可以被控制的。

👽 应对方法

如果我们在日常生活中不幸遭遇到涉众暴力，应该怎样保护好自己呢？

比如，你正在街上走着，想着节假日难得出来闲逛一下。这个时候前面的人群开始莫名骚动，很多人朝你跑过来，你也不知道发生了什么，有人嘴里喊着"快跑，砍人了！"这个时候你一定会很恐慌，周围的人都很恐慌，你也准备要跑。

那么问题来了，要是真的有一个这样无差别暴力的行为人在实施伤害行为，你到底该怎么跑呢？如果是我的话，我不会和人群一个方向跑，当然我也不会朝着暴力犯罪行为人跑过去和他正面刚。

我会选择人群逃跑方向的2点、3点、9点、10点这四个位置跑，先争取朝这几个方向错开。其实就是朝着人群的左边或者右边、左前方或者右前方跑。真的发生事故的话，你要根据自己对该区域的了解程度，在这四个方向里选择一个容易隐蔽、逃脱的方向，然后再进一步选择后续的行为，如躲避、报警，甚至是上去制止之类的。

我为什么会建议往这些方向跑呢？因为考虑到犯罪人的动机。在涉众暴力犯罪中，特别是无差别暴力的犯罪中，行为人的动机是什么？是报复社会。在自己被制服之前，他要伤害尽可能多的人。所以在没有目标的情况下，一起逃跑的一群人对于正在砍人、高度紧张的行为人来说，就是一个大目标。往同一个方向行动的群体是最好得手的。对于行为人来说，只要杀了人，不管杀的是谁，都能泄愤，并且杀得越多越好。

所以我才会建议在这个时候选择时机分开跑，这样不被伤害的概率会大一些。当然这并不意味着这种形式可以完全地让人避免受到伤害，毕竟每个行为人的特点也不同。但是使用这种方法，的确会让人逃生的概率增多一点。

假设最坏的一种可能：你没有跑掉，或者是在人群中被随机选中成为目标。那么，你要记住，如果真的不可避免受到伤害，那就要尽量把伤害降到最低。关键要避开被伤到动脉位置，你要保护好脖颈、大腿内侧还有脾脏。如果没办法远离袭击者，就善用双手和双臂去阻挡。

跑开之后呢？

选择一，如果你在跑到另一个区域之后，找到了一个有一定人流量的地方，请往人多的地方移动，同时报警。一定要保持移动，哪里人多往哪里钻。如果人流量并不大，那么这个事情就没什么套路了，你要找一个有掩体的地方，独立密闭的空间最好，如上下封死的洗手间隔间，然后当然是报警。要注意，不要用你的后背顶门，要用脚顶住门锁的位置；或者你可以直接使用交通工具，以最快速度回家。我还要再强调一遍，第一时间一定要报警。

选择二，你返回制止犯罪分子。如果你找到了工具，并且评估自己是有能力协助制服对方的，如你是一个体格健壮的男士，可以考虑返回与众人一起制服犯罪行为人，注意是众人一起上。

网络暴力
键盘侠在"伸张正义"的时候，伤害了谁?

2013年9月，美国的12岁初中女孩小L因不堪忍受网络暴力而自杀身亡。小L生前看起来和同龄人没有什么两样。但在网络世界里，她遭受了长达1年的网络暴力折磨，"施暴者"正是她的同学。

小L的某社交网站个人页面上，类似"你应该喝漂白剂去死""没人喜欢你""你应该自杀"这样的恶意攻击她的留言非常多。据悉，这些恶意攻击大多出自她的两名12岁和14岁的女同学之手。

2013年9月10日，不堪承受巨大精神压力的小L爬到学校附近的一座废弃水泥厂的顶层，纵身跳下，结束了自己的生命。案发之后，两名在网络上欺凌小L的女孩被当地警方拘留。但由于均未成年，在法律规定的21天拘留期满后，她们都被释放了。当地警方表示，佛罗里达州没有关于网络暴力的具体处罚规定。

即使小L已经离开这个世界，曾用言语欺凌她的那两名女同学依然没有表示出一丝愧疚，反而留言说"是的，我欺负了她""她自杀了，但我根本不在乎"。

👽 知识概念

我们经常提到网络暴力，但网络暴力到底是什么呢?

简单来说，网络暴力是通过网络路径，以各种形式欺凌或骚扰受害人或目标的行为，之前网络暴力也被称为在线暴力。随着网络社交媒体的发展，网络暴力正变得越来越普遍，特别是在一些青少年当中，网络暴力更是普遍存在着。

网络暴力通常情况下类似于传统的暴力行为，但是和传统的暴力行为也有一些显著的区别。比如，网络暴力的受害人可能从始至终都不知道施暴者的身份，或者为什么自己会被选为网络暴力的目标；网络暴力可能对受害人产生广泛影响，因为用于网络暴力的内容可以在许多人之间轻易传播和分享，并且在最初事件发生后很久仍可以使用。

网络暴力会给受害人带来哪些影响呢？**主要是会增加自杀风险、自我否定、焦虑、抑郁、恐惧，以及不易对他人建立信任等心理上的深层次影响，行为表现方面为不社交、不出门等。**

🛸 深入分析

网络暴力这种行为是不是只有一些社交媒体上才会有，毕竟通常我们看到的网络暴力都是在一些社交平台上发生的。其实在其他地方也是有的，主要的网络暴力，目前来看出现在三种线上的位置。

社交媒体网络暴力

社交媒体其实是网络暴力的重灾区。2003年，国外一个针对青少年网络用户的研究就预测，到2008年，年龄在12岁到17岁之间的年轻人中有93%是时刻在线的。事实上，目前的情况是，除了睡觉之外，很多青少年在社交媒体上花的时间比在其他任何地方都多。这已经是一个在某种程度上让人头疼的问题了。在这种高度依赖的使用环境下，基于网络的一些不良情绪就会增多，导致网络暴力现象在过去的十几年中急剧增加。

社交媒体的信息更新速度快、内容构成复杂，存在许多风险，网络暴力正是最大的风险。社交媒体上的网络暴力可以是针对受害人的任何信息的，不单单是人身攻击，很多的暴力行为在网络上被放大了，因为没什么成本，又可以带来很严重的伤害。另外，这和社交媒体上用户交流的信息类型也有关系。根据2013年的一项研究，使用社交媒体的80%的用户主要分享他们的位置、照片和社会关系，甚至可能一部分的个人信息也包括在内。这就给实施网络暴力的人提供了很多素材和方向，而且他们可以根据这些信息进一步"人肉"受害人，造成更加直接和现实的伤害。

一般情况下，社交媒体上的网络暴力涉及的因素有发布谣言、威胁、性言论、受害人的个人信息或仇恨言论，并且不断地重复和群体化传播这些负面暴力因素。

社交媒体上的网络暴力中有一个数据很有意思，我想单独提一下。2014年的两项研究发现，80%的身体羞辱网络暴力言论是由女性发送的，而这些言论也占了厌恶女性言论整体量的50%。

游戏网络暴力

除了社交媒体，还有什么地方会出现网络暴力呢？——游戏中。

一项针对网络暴力受害人的研究显示，有16%的受害人表示自己在网络游戏中遭受过网络暴力；另一项研究也发现，如果个体喜欢暴力因素较多的游戏，那么他更有可能同时遭受网络暴力和实施网络暴力。

值得注意的是，游戏中的网络暴力主要是针对男性受害人的网络暴力，女性遭受的网络暴力主要是在前面我们讲的社交媒体环境中。游戏中针对男性的网络暴力主要是因为，暴力游戏受众中男性较多，性别偏差还是存在的，与广泛的游戏文化相比，竞争性游戏场景对女性的吸引程度较低，而暴力因素多数与竞争性游戏场景有关。

至于在游戏中为什么被网络暴力，则有很多的原因。比如，玩得不好导致输掉比赛，对于游戏关键设计的理解不同，或者是由阵营的敌对状态引起。之前甚至还出现玩家对设计不满，对游戏设计师进行网络暴力的情况，游戏设计师因此有了很大的困扰，不得不辞职和换工作。

搜索引擎网络暴力

可能大家会觉得奇怪，搜索引擎中怎么会有网络暴力的情况出现呢？其实这个和搜索引擎的信息排名机制有关系，因为当我们开始传递我们觉得是真实的信息的时候，热度越高的就越会被排在前面。但是我们怎么知道这些信息就一定是真实的呢？如果是网络暴力的虚假信息，那搜索引擎就变成了另一个战场和实施网络暴力的工具了。之前有个案子就是网络暴力的实施者使用一些手段把涉及暴力的信息顶到前面去，只要搜索相关信息，就会出现。这样，网络暴力信息就会传播得非常快，影响范围也在短时间内变得非常广泛。

🛸 法律措施

网络暴力如此严重，法律方面有什么办法吗？我国主要有最高人民法院、最高人民检察院公布的《关于办理利用信息网络实施诽谤等刑事案件适用法律若干问题的解释》。

该解释规定，利用信息网络诽谤他人，同一诽谤信息实际被点击、浏览次数达到5000次以上，或者被转发次数达到500次以上的，应当认定为《刑法》第二百四十六条第一款规定的"情节严重"，可构成诽谤罪；如果行为人明知是捏造的损害他人名誉的事实，还实施了在信息网络上散布的行为，主观上故意，客观上造成实际损害，情节恶劣的，则以诽谤罪定罪处罚。

"荡妇羞辱"

坏事发生后，为什么人们反而要指责受害人？

👽 案例分析

2013年，发生了一起强奸案件，当时引起了很大的轰动，不单单是因为犯罪行为人的家庭背景特殊，其造成的恶劣社会影响也是很严重的（因为是轮奸）。**在案件的审理过程中，舆论针对受害人身份带的几次节奏，引起了一些评论角度的偏移，甚至是对受害人的"荡妇羞辱"。**

案情大概是5个人去酒吧喝酒，找了一个兼职女生的驻场，5个人喝完酒后把这个女生带去了酒店，用其他人的身份证开了个房间，接着轮奸了这个女生。受害人一天后报警，李某某一行人随即被警方控制。

案情其实没什么争议，我们来看看之前审理过程中被带的那几次节奏造成的针对受害女生的"荡妇羞辱"问题。根据案件调查结果，受害女生非京籍，是一家广告公司的行政秘书，遭受侵害时22岁。该女生与酒吧没有雇佣关系，只是做兼职的驻场，主要收入来源是客人给的小费。

根据新闻公开报道，受害人的身份，**最开始的时候被传是一名在校女大学生**。这个时候舆论开始一边倒，呈现出一种沸腾状态，几乎所有的舆论都认为女大学生受害人很可怜。然而，之后事情的发展就变得荒诞了，犯罪行为人的辩护律师声称有"案中案"，受害女生是一个卖淫女，被安排坐台卖淫，并试图证明这个案子并非轮奸，只是嫖娼纠纷。此言论一出，**舆论开始转向，大多数舆论开始出现了嫌疑人是被卖淫女勒索，这种女生就是活该等态度**。随着案件审理的进一步推进，更多的事实摆在公众面前，律师所说的受害人的卖淫女身份被证明不成立，于是犯罪嫌疑人家属改口，称受害女生是个陪酒女，继续引导舆论，好像要向大家说明，这个女孩存在私生活混乱，且游走在法律边缘"打擦边球"等问题，而这样的女孩遭受性侵犯是一个必然会发生的事情。

你有没有发现舆论发生的变化，**这个案子里面出现的"这种女生就是活该""这样的女孩遭受性侵犯是一个必然会发生的事情"就是典型的"荡妇羞辱"**。

👽 知识概念

那么，"荡妇羞辱"到底是什么呢？**一般这个概念是用来描述一个人，尤其是女性，为自己的某种性行为或性欲感到羞耻或低人一等的观念和行为。这种性行为或性欲被认为是背离了传统的性别期望的，或者被认为是不自然的、违反教规的、不道德的。**

一般会遭到"荡妇羞辱"的情况，有一些是会让我们觉得匪夷所思的，**如衣着性感从而违反了所谓的公认的着装规则而被强奸或性骚扰。**

这里和我们之前说过的**受害人责任论、性犯罪合理或者性犯罪无罪**论是挂钩的。说得不好听一点，"荡妇羞辱"就是认为，性犯罪受害人之所以成为性犯罪的受害人是因为她们自己"不守妇道"。

"荡妇羞辱"看起来是和一些很传统的观念联系在一起的，那这个词从何而来呢？

👽 历史分析

关于"荡妇羞辱"以及相关行为的产生，并没有明确的历史记载。

但是，确实不能否认的是，"荡妇羞辱"行为已经**存在几个世纪了**，在一些文学作品中我们可以看出针对女性各种不符合大众期望的正常行为的指责。有关"荡妇羞辱"的讨论，也已经从社会和文化关系以及被认为是规范和可接受的行为的边界摩擦中发展出来。追溯到工业革命和第二次世界大战时期，男性的性别角色是养家糊口。男性占劳动力中的大多数，而女性则被社会化，并被教导要接受家庭和为家庭牺牲等。在这种情况下，女性的着装和其他行为都**被加上了一层社会期待**，并没有人真正关心女性实际上是否拥有自己的喜好和权利。

👽 **深度剖析**

首先，我们来看看前面提到的受害人责任论和性犯罪无罪论的问题。"荡妇羞辱"给了这些犯罪人一个很好的**借口**，就是"我把你选为目标，是因为你穿得少、你的行为看上去有点放荡"。然后我们就会预见一种结果，即受害人担心自己在这样无助的情况下反而被"荡妇羞辱"**再次伤害，被口诛笔伐**，所以受到侵犯后不说出来，不报警处理，以至于性暴力这种本该被严惩的行为，居然能不被追责。**这也是性犯罪存在那么大黑数的原因之一，也可以说是主要的原因了。**

你可能会奇怪，为什么有些人会对受害人做出"荡妇羞辱"这种行为呢？这种行为看上去很不合理，因为大家可能都知道，这个时候受害人最需要的是同理心，是理解和帮助，而不是"荡妇羞辱"。其实我觉得，关键的一个因素，是**道德优越感**。有一部分人用口诛笔伐的羞辱方式来满足自己的道德优越感，比如，他们会这么想："我本身就觉得穿深V或者超短裙是不应该的，我觉得女生就应该保守，不应该把自己对身体的自信展现出来给别人看。你看我保守，我不去酒吧，不晚归，行为正经，所以我没事。你为什么会受害，你难道不想想吗？就是因为你表现出来的行为举止让人家觉得你好下手。"**这里面透出了浓浓的不知道哪里来的自信和道德优越感。**如果你注意观察，其实在进行"荡妇羞辱"的时候，有相当一部分女性参与其中，因为她们在把受害人用"荡妇羞辱"污名化的同时，**衬托出自己自认为的纯洁、忠贞和优越感。**

其次，**网络平台目前是"荡妇羞辱"行为最猖獗的地方。**国外有研究显示，50%的年轻女性受访者曾在网络上被羞辱过。特别是，18岁至24岁的人受到不同程度的严重羞辱，这个比例有点高得惊人。其中"荡妇羞辱"占主要的比例，因为女性时常分享一些自己的遭遇和生活，这个时候就会有人在评论中对她进行"荡妇羞辱"，如"这么晚出去不摸你摸谁""穿成这样你活该"，等等。因为网络目前对于这种没有明确犯罪指向性的评论的**管控并不是很严格**，所以这种涉及"荡妇羞辱"的评论是比较容易在一些情况下出现的，在现实中这种言论无疑会遭受正面的指责甚至是肢体上的报复，但是网络有一个天然的屏障，所以发表这些言论的人也更加肆无忌惮。

最后，我们来说一下反**"荡妇羞辱"**运动。这场声势浩大的运动诞生于2011年10月的纽约。有两个女人发起了这场反"荡妇羞辱"运动，起因是加拿大多伦多的一名警察发表的言论。这名警察对一群学生说，如果她们不穿得像"荡妇"一样，就可以避免遭受性侵犯。随后反"荡妇羞辱"运动在华盛顿、洛杉矶，以及世界的其他地方都开展起来，运动的重点就是让犯罪的责任回到犯罪人身上，受害人不再承担犯罪的责任。这一运动的发起，可以让更多的人认识到"荡妇羞辱"的伤害和其根本逻辑上存在的问题，有效地减少受害人责任论以及性犯罪无罪论的出现。

路西法效应

好人是如何一步一步变成恶魔的？

👽 背景介绍

有这样一本书：《路西法效应：好人是如何变成恶魔的》，英文是 *Understanding How Good People Turn Evil*。这本书是美国著名心理学家菲利普·津巴多先生写的，他是前任美国心理学会会长，其最著名的实验大家可能都听过，就是斯坦福监狱实验。除了这个实验，老先生对心理学界的其他贡献，主要体现在教学上面。他传播和教授社会心理学知识，同时还研究精神控制、邪教与人类的害羞行为。

我们提到的这本书就是对斯坦福监狱实验的一个描述，下面来简单介绍一下斯坦福监狱实验。**斯坦福监狱实验是为了探究社会环境对人的行为究竟会产生何种程度的影响，以及社会制度能以何种方式控制个体行为，主宰个体的人格、价值观念和信念。**津巴多博士在报纸上发布了一则广告，内容是"寻找大学生参加监狱生活实验，酬劳是每天15美元，期限为两周"。共有70人报名参加实验，经过一系列的医学和心理学测试，24名身心健康、遵纪守法、情绪稳定的年轻人入选。他们被随机分成三组：9名犯人、9名看守、6名候补。

大学生们刚开始都说他们更愿意饰演囚犯。这些大学生志愿者还被告知，如果被分派去饰演囚犯，他们可能会被剥夺公民权利，并且只能得到最低限度的饮食和医学护理。那些将饰演囚犯的大学生被告知在某个周日待在家里,但是当天发生的事情还是让他们感到吃惊,因为他们真的被警察逮捕了,警车停在家门口,大学生志愿者们被戴上手铐押上警车,随后被带到斯坦福大学心理学系地下室的模拟监狱。

实验开始了。第一天大家还相安无事,但"囚犯"第二天便发起了一场暴动,撕掉囚服上的编号、拒绝服从命令、取笑看守。津巴多要求看守们采取措施控制住局面,他们照着做了。他们采取的措施包括强迫"囚犯"做俯卧撑,脱光他们的衣服,拿走他们的饭菜、枕头、毯子和床,让他们空着手清洗马桶,关禁闭。随着时间的推移,"囚犯"的情绪慢慢开始崩溃,而监狱看守的行为也变得越来越离谱,他们越来越不能控制自己的行为。最后局面完全失控,实验只持续了六日便被迫终止。

👽 现象概念

所以,什么是路西法效应呢?路西法效应是指在特定情境或氛围下,我们的思维方式、行为方式,甚至性格,会表现出恶的一面。这就证明了人性中的负面部分,或者我们平常称为"恶"的部分,是可以通过人为在特定情境下表现出来的,或是直接由特定情境造成的。

斯坦福监狱实验就在一定程度上说明,在特定的环境下,人的行为会发生巨大的转变。这属于**环境决定论**的观点。为什么会这样呢?上述概念中只说了前提条件,即特定的情境和氛围,但是并没有说导致变化的原因是什么。其实,导致变化的原因总结一下,主要有以下几点:

底线逾越:在有意或不经意之情形下跨越自己的道德底线。一般这种情况是借助情境给予的特权,试探性地去突破一下道德底线。因为之前一直处于遵守的状态,所以试探性突破会带来一些心理上的**刺激感**。但是慢慢地这种试探性的突破就会固定下来,变成对道德底线的**彻底逾越**。

将其他人或个体去人性化:通过环境或是环境中的其他人暗示,个体的自控力会降低，暴力水平升高，有一些行为的严重程度会成倍增加。

去识别化：比如，在一些暴动或是帮派活动中，成员会戴面具，这就是最典型的去识别化，就是不让别人认出自己，那么行为底线就会降低。类似的还有性交易在实施的时候可能会戴面具之类的。

责任分散：分散与推诿个人之责任是这种情景中常见的问题，就是会产生一种"我不做别人也会做，我做了别人也做了，对于这个责任我是不用承担多少的"心态，然后在责任感降低和责任分摊的情况下，个体会去实施一些过激行为。

盲目服从权威：有些场合下下级对上级命令的绝对服从就是如此。

不经批判地盲目服从团体规范：暴动的时候一个人大喊"冲啊"，很多人还不知道发生了什么事情，就跟着往前冲了，想都不想就去跟随团体。

借由不作为与冷漠，被动地容忍恶的存在：第二次世界大战时期的种族灭绝行动就存在这样的情况，很多德军士兵甚至军官拒绝参加行刑，但是也没有阻止行刑。也就是不作为。

这个问题要怎么解决呢？津巴多给出了10条建议：

（1）承认自己的错误；

（2）注意周围的变化，包括影响因素和情境线索；

（3）意识到自己的责任，要为自己的行为负责；

（4）肯定自己，相信自己的能力；

（5）辩证地看待权威，尊重公正的权威，但反对不公正的权威；

（6）得到团体的认可，但重视自己的独立性；

（7）警惕，谨慎；

（8）平衡自己的时间观念；

（9）拒绝为了所谓的人身安全而牺牲自由；

（10）相信自己能够反对任何不公正的制度。

破窗效应

一个干净整洁的社区是如何堕落成脏乱差的违法地带的?

想象一下,如果你家窗户破了一个洞,会怎么样? 1969年,著名心理学家菲利普·津巴多找来两辆车,把它们分别放在两个治安环境不同的街区。被放在稍乱的街区的那辆车,车牌被摘掉,还敞着篷,让人看起来觉得是一辆很好的车。结果这车当天就被偷走了。另一辆在情况比较好的街区的车却好久都没人动。于是津巴多就去把车的玻璃敲开了一个洞,这个洞出现后的几个小时内,这辆车也不见了。你可能会问,这和我家窗户有什么关系?难道都是玻璃破了个洞吗?并不全是,津巴多的实验其实启发了两种人——警察与研究者。

👽 背景介绍

当时的警察基本上都是开车巡逻,因为他们认为步行在社区巡逻是对警力的一种浪费,自己应该做的是快速出击去打击已经被发现的犯罪;而研究者觉得,如果家里窗户破了,是不是也会遇到类似的情况?于是警察与研究者一拍即合。

研究者提出了一个假设:如果警察步行巡逻,建立规则,完善社区,把破了的窗户及时修补好,会不会有打击犯罪的效果?于是研究者开始和警察一起步行巡逻,通过巡逻的形式去观察和研究。**他们发**

现，采用步行巡逻的方式，他们可以更好地与社区建立联系，形成规则，从源头上防止犯罪行为在社区发生。这个结果在当时是让很多警察感到惊讶的。

后来研究者提出了著名的**破窗理论**。从字面上看其实比较好理解，大概就是说一扇窗户破了，可能会带来什么影响。但实际上这扇窗户不简单，我们可以谈谈其中的几个点——**起点、秩序、恐惧和驱散**。

👽 现象分析

为什么说破窗是起点？比如，你开车来到一条没有停车位的路上，周围所有的车都是按照指定停车位去停的。你看到这种情形后就会耐心地找一个车位，把自己的车停进去。但是你要是开车来到一条大家都乱停车的路上，可能就会觉得反正大家都乱停，又没人管，那自己何必费力去找正规停车位呢？找了可能别人也会告诉自己随便停就行。这就是**起点**。破窗实际上是**不规范或者越轨行为的起点**。当这条路上的第一辆车乱停的时候，可能会有侥幸，停一下车而已，行为不严重也没人管。这扇"窗户"就破了。后面的人看到既然没人管，那我也跟着随便停一停，然后每个人都这样做，可以想象一下，会有多乱？

我们再来说一下乱的问题，也是**关于秩序的问题**。我想举个经典的例子，这个例子在很多地方都有记载。

纽约地铁以前是犯罪的温床，事情大概发生在50年前。那个时候纽约地铁简直乱得要命，抢劫和盗窃案件频发，坐个地铁分分钟可能要了老命，而且地铁设备老旧，脏得不行。据说那时候平均每7个逃票的人里面就可以抓出1个通缉犯；每20个逃票的人里面就有1个携带武器。情况一直没什么好转，警察抓也抓不过来。1994年来了一个警察局长，这个人有点厉害，他没有增加警力去抓盗窃犯和抢劫犯，反而投入大量警力去抓逃票的，然后还推动了地铁的翻新，结果纽约地铁的犯罪率大幅下降，整个地铁区域环境变化巨大，秩序变得非常好。其实这个警察局长，就是**破窗理论的践行者**，抓逃票就是"把刚刚破了的窗户立刻补上"，从小的行为去影响大范围的环境，重新建立秩序。当然，如果1994年这个警察局长没有到位，或者是来的人没有采用正确的方式呢？纽约地铁是不是会一直乱下去？这种混乱又会带来什么？

混乱会带来恐惧。谁处在这样的环境中能不害怕？处在这种环境中的人总会担心自己的安全问题。有些人可能会想，虽然害怕，但是该做什么还是要做，而实际上你可能还真的不想做事。有研究显示，对犯罪行为的恐惧会在很大程度上限制人们的行为，让人们变得不想出门，因为人们害怕自己被盯上；人们不想与别人进行社交，因为不信任别人；情绪问题也会出现，如出现焦虑、忧虑等。更重要的是，人们对公权力的信心会降低。社区里的居民会觉得，你们没管理好，难道我自己管吗？所以这样的社区有谁愿意住呢？

于是，就会出现最终的后果——**驱散**。比如，我家隔壁的房子窗户破了，没人管，过段时间这个房子被偷了，结果还是没人管。那不得了了，可能有些不良小青年就进到里面在墙上乱画，在里面非法聚集，放很大声的音乐，还可能吸毒。

可能有人觉得他们只是在那个房子里做这些，影响不大。那可是在我家隔壁啊！我是既怕又无能为力，而且我发现这个社区里这样的情况越来越多了，那我怎么能忍！果断搬家！也就是说，最终的驱散效应会造成**坏的把好的赶出去了**，或者说好的自己受不了离开了，这个地方空出来了，于是坏的就看上了——觉得这地方不错啊，气场和自己很搭，就住进来了。慢慢地，这个区域就变成了犯罪人集中的区域。拿围棋打个比方，因为黑白子比较分明，如果黑子刚好是占上风的，那我们就可以看到黑子一点一点把白子吞掉。

这些本来很好的居民为什么宁愿搬走都不管呢？一方面他们觉得没有人管，自己管也没什么用；另一方面就是**害怕自己被报复和针对**。警察管不管呢？要是到了这个阶段，就算警察管起来，也是有一定难度的了。这就不是下围棋那么简单了，不开心可以一下子把棋盘掀了。实际上，环境的重建是需要很多时间和努力的。

👽 反思

对于一个地区来说，秩序一旦被打破，再重建就会变得非常困难。 在秩序混乱的空间里，危险会成倍增加。所以我们都应该有更多的参与意识和参与行动，共同维护我们生活环境的安全、有序。

破窗效应就像是潘多拉的魔盒，在它还没有完全打开的时候就要努力把它关上、封起来，甚至连打开的想法都不要有，不然它会吞噬很多东西。所以，破了的窗户要记得及时补上!

平庸之恶

如何抵抗无处不在的人性之恶，实现精神独立？

😈 背景介绍

我看过两本书，一本是《为什么不杀光？——种族大屠杀的反思》，还有一本是《平民如何变成屠夫》。看书的名字就知道内容是和杀人有关，而且讲的都是大屠杀，第二次世界大战时期的大屠杀。这两本书其实都讲到了一点，就是平庸之恶。平庸之恶，看字面意思，你可能会疑惑，这说的是有一种恶的属性是平庸的吗？其实不是的，实际上，要理解这个词，需要从哲学的角度出发，因为它本身就是一个最早在哲学上出现的概念。

不可否认的是，平庸之恶的出现，确实和第二次世界大战中的针对犹太人的大屠杀有关系。在网络上检索相关信息，一般都会指向两个人名——**阿道夫·艾希曼**（纳粹德国的高官）和**汉娜·阿伦特**。

根据普遍记载，1942年，艾希曼出席万湖会议，被任命负责屠杀犹太人的最终方案，并且晋升为中校。在所有针对犹太人的屠杀中，将犹太人移送集中营的运输与屠杀作业大部分由艾希曼负责。第二次世界大战结束之后，艾希曼被美国俘虏，但之后逃脱，流亡到阿根廷。1961年，以色列的情报部门查出艾希曼的下落，将其逮捕。艾希曼于耶路撒冷受审，被以人道罪等15条罪名起诉。1962年6月1日，艾希曼被处以绞刑。

1961年4月11日，犹太裔著名政治思想家汉娜·阿伦特以《纽约客》

特约撰稿人的身份，现场报道了这场审判，这场审判一直持续到5月31日。汉娜·阿伦特在《耶路撒冷的艾希曼：一份关于平庸的恶的报告》中这样描述审判席上的纳粹党徒艾希曼：**"不阴险，也不凶横"，完全不像一个恶贯满盈的刽子手，就那么彬彬有礼地坐在审判席上，接受绞刑。**他甚至宣称"他的一生都是依据康德的道德律令而活，他所有行动都来自康德对于责任的界定"。艾希曼为自己辩护时，反复强调"自己是齿轮系统中的一环，只是起了传动的作用罢了"。作为一名公民，他相信自己所做的都是当时国家法律所允许的，作为一名军人，他只是在服从和执行上级的命令。

🛸 概念引入

据此，汉娜·阿伦特提出了著名的"平庸之恶"的概念，认为罪恶分为两种，一种是极权主义统治者本身的"极端之恶"，另一种是被统治者或参与者的"平庸之恶"。第二种恶的程度比第一种恶有过之而无不及。一般认为，对于显而易见的恶行不加限制，或是直接参与的行为，就是平庸之恶。汉娜·阿伦特以艾希曼的行为方式来阐释现代生活中广泛存在的"平庸之恶"，这种恶是不思考，不思考人，不思考社会。不思考就会带来不作为，不作为、纵容恶的持续发生，是社会的一个普遍现象。"虽然你没有主动去做，但是你是恶的帮凶"，说的就是这个意思。**恶是平庸的，因为我们都是常人，所以都可能堕入其中。**

🛸 深入探讨

关于平庸之恶，其实在日常生活中可以看到很多例子，如哄抢、暴动，但是最常见的还是大屠杀中的行刑者和参与者的各种行为片段。很多人像艾希曼一样，辩称自己只是跟随命令，只做了很少的一部分；辩称自己只是很多环中的其中一环而已。但是，这种平庸之恶，依托的都是群体, 或者说都在跟群体发生着作用。

这里我又要提到一本书——《狂热分子》, 主要讲的是群众运动, 分析了群众运动中那些狂热和不狂热的参与者。这其中, 就明显地体现出我们说的平庸之恶, 很多群众运动的参与者是不思考的、盲从的。

👽 心理分析

从心理学的角度看平庸之恶这个哲学概念, 我们就会发现, 这里面除了责任分担心理, 还有群体中的去个性化以及**服从权威的心理**。

群体中的去个性化。群体中那种颇具煽动性的氛围、命令或者周围人的动作, 都会让我们的自控力在群体中降低, 我们会**变得没有个性**, 这个时候实施平庸之恶的状态就会慢慢占据上风。就好像概念中所说的那样, 恶是平庸的, 因为我们都是常人, 所以都可能堕入其中。

服从权威。一场暴动或是一场群体行为会有一个领导者, 只有有了这个领导者, 才能使这个群体有的放矢, 朝一个方向去行动。但是权威发表的言论不一定代表群体中大多数人的想法。无脑地甚至无条件地在这种环境中服从权威, 显而易见, 逻辑上是有问题的。

👽 避免方法

既然如此, 这种平庸之恶有办法避免吗? 不能避免的话, 又有什么办法可以降低它出现的概率呢? 个人认为对于平庸之恶, 并没有具体准确的方法, 只能从自身找一些可以提高或控制自己的地方, 比如:

控制好自己的情绪。在特定情境下控制好情绪很重要, 不要让自己的情绪在不合适的或者是特别具有煽动性的情境中出现, 我们需要掌控它。

辩证地看问题。比如, 我们在一个群体中, 群体的意见真的是这个群体中大多数人的意见吗? 群体的意见真的是对的、是有帮助的吗? 对于这些问题, 我们需要从正反两面同时思考, 多想一些。

　　坚持自己的观点。坚持自己的观点在某些情境中比较容易，特别是对于比较偏执、固执的人，在和人一对一的交往中特别坚持自己的观点，但是在群体中，这种坚持，会面临各种挑战，需要学习。

　　不放弃思考。现实地讲，能够坚持独立思考比较有难度，要加强这一点就需要多花些时间。

　　不逃避判断。

　　承担责任。在我看来，承担责任在很多时候比较难做到，经常会面临一些挑战，现在很多人是只想做，不想承担责任。然而，承担责任是最根本的抵抗平庸之恶的办法。

第二部分

附加彩蛋

彩蛋1

连环杀人丨野牛比尔为何要杀人剥皮?

　　说起连环杀人,有一部电影不得不提,就是《沉默的羔羊》。但是我们不谈汉尼拔,来谈一下"野牛比尔"。

　　电影中的野牛比尔行为之恐怖是有目共睹的,他犯下了多起命案,死者全部是女性,更恐怖的是,所有被他杀害的女性,都惨遭剥皮。

　　为了抓捕他,FBI探员不得不去监狱找到精神病学专家同时也是食人魔的汉尼拔做心理分析。但是很多人可能不知道,"野牛比尔"是一个根据真实案件改编的角色,而且还原度挺高,这个原型就是艾德·盖恩。

　　1906年8月的一天,艾德出生在美国的威斯康星州,他的妈妈奥古丝塔在很多事情上有着极端的思维,如只允许他去学校上学而不允许他交任何朋友以及绝对禁止婚前性行为,等等。

　　艾德的妈妈被认为是一个思想病态的疯子,她认为除了自己之外的所有女人都是极度邪恶和危险的,并从小就给盖恩灌输这样的想法。她要求自己的孩子发誓将一直保持处男之身,艾德深受其影响,所以他从来没有和女性约会过,而且一直是处男。

　　在艾德心中,母亲拥有崇高的地位。

　　1945年12月29日,奥古丝塔因癌症逝世,艾德生命中唯一的女人离开了他,当时已经39岁的艾德在情绪上受到了强烈的冲击,最大的表现在于,他把母亲的尸体留在她生前的卧室中,然后把卧室完全封死。

1957年11月16日，杂货店的店主帕妮丝失踪了，他的儿子报了警，在警察询问有什么可疑人士出现过的时候，店主的儿子说出了盖恩的名字，因为前一天盖恩来过店里，问了一些很奇怪的问题，于是警方进入盖恩的房子。

接下来在这个农场木板房里发生的事情，让整个美国都感到震惊和恐惧。

警察首先在厨房里发现了店主的尸体，然后在卧室里发现了店主的头，还发现了人皮做的灯罩和椅子、头骨做成的汤碗、被当作面包来烤的人心、嘴唇做成的项链、脸皮和乳房做成的背心、乳头做成的皮带以及著名的木乃伊人皮面具。

警方在盖恩家中搜出了约15具已被肢解而不能确认身份的女性尸体，但艾德只承认其中的8具尸体，他辩称这些尸体全部是自己从墓地挖出来带回家的。

而案发前不久他刚刚挖出了一具中年女性的尸体并带回家，砍掉脑袋、挖空内脏倒吊在架子上，并用她的皮来做手工艺品。

在更深入的质询下，艾德进一步承认自己在1954年12月8日谋杀了一名酒吧职员玛丽。艾德在玛丽的酒吧用枪把她打死，艾德说，他先把玛丽吊起来，自己喝了点酒，然后闭上眼向玛丽射击，射中了她的前额和躯干，之后他将玛丽的尸体拖到车上带回农场。

除了这10具尸体，剩下的5具不能确认身份的女性尸体他并没有交代清楚，但是外界普遍认为这些女性应该都是死于艾德之手。

他除了把这些尸体做成工艺品，还会把人皮剥下来做成衣服，并在深夜穿着这些"衣服"在农场里散步，假装是自己的母亲。

这就是有关艾德的真实案例。

他以患有慢性精神障碍为抗辩理由，并没有被处死或监禁。他被辗转送到一家精神卫生研究院度过他的余生，并于1984年因癌症而死，死后被葬在自己母亲的隔壁。

那么，实施连环杀人的犯罪人都有哪些心理特点呢？

　　首先，他们选择被害人的时候有一定的**相似性**。这种相似性可能体现为外貌特征、性别、年龄范围和犯罪手法等。像艾德的案例中，所有被他杀害的人以及他偷来的尸体，年龄都与他的母亲去世时的年龄相仿，这就是相似性。

　　其次，实施行为时手段多呈现出**很残忍**的特点。连环杀人的犯罪行为人可能是有一些精神类问题的，行凶手段通常非常残忍，自己往往乐在其中。

　　再次，犯罪行为有很强的**计划性**，犯罪人并不是随机选择目标，并不是临时起意实施犯罪行为。像艾德的案例中，在杂货店店主受害的前一天，艾德专门去了店里，询问第二天店主的儿子要做什么，去不去参加打猎，去多久，等等。看上去是闲聊，实际上是在踩点。这种计划还表现在我们前面谈到的选择目标的标准上面。

　　最后，**难抓**。连环杀人者行事比较谨慎，有一定的反侦查能力，并且本身可能在与人交往沟通的过程中掩饰得非常好，不容易被人察觉有异样。像是艾德，他在杀人之后第二天又回去帮忙，因为他不太说话，看上去很老实，所以根本没人怀疑他，要不是杂货店店主的儿子想起了案发前一天艾德的不同寻常，警察可能依旧不会把怀疑的目光投向艾德。

彩蛋2

犯罪生涯曲线|《完美的世界》：犯罪人的一生，是从什么时候开始的?

很多人可能不明白：犯罪人的犯罪过程还有曲线吗?

的确是有的，而且这个曲线很有意思，从某种意义上说，这个曲线可以反映出犯罪人从开始犯罪到结束的一生。

说到这个，我们来讲一部美国老电影——《完美的世界》。这部电影讲的是一个罪犯越狱逃亡的故事。我们主要关注电影中的主角——布奇，他就有一条很清晰的犯罪生涯曲线。

布奇的家庭氛围并不是很好，父母都有自己的难事要处理，父亲在他几岁的时候就离开家，再也没有回来过；而母亲则是一名性工作者，布奇一直随母亲在性工作场所长大。

布奇第一次的犯罪行为出现在他8岁的时候，并且第一次实施的就是很严重的杀人行为。因为他年龄太小，所以没有被追究责任，再加上一些特殊情况的存在，所以这次的事件并没有对布奇和他的母亲造成什么影响。

在随后的几年中，布奇一直很老实，没有再做出犯罪行为，直到他的母亲在他12岁的时候自杀。自杀的原因，大概是母亲患上了梅毒。梅毒的病毒是会慢慢侵蚀人类大脑的，晚期梅毒患者很可能出现精神异常，如出现幻觉等。所以梅毒晚期的患者自杀的情况还是很多的。

母亲去世后，布奇因为管教和生计的问题，又开始了犯罪行为，这次是汽车盗窃，他因为盗窃汽车被送入少年感化院，并在那里待了4年。

在感化院的那些年，布奇应该学了不少的犯罪技能和知识，以至于他一从感化院出来就变成了一个职业犯罪人。

布奇这样的经历，虽然在电影中是虚构的，但是现实中却是不少犯罪人真实的经历。

那么，拥有像布奇这样经历的犯罪人，什么时候会停止犯罪呢? 在他们的犯罪生涯中，各年龄阶段的犯罪频率又如何呢?

这些问题，犯罪生涯曲线都可以告诉你。

犯罪生涯曲线，是日本学者吉益脩夫提出的概念。这个概念的首次出现，是在1953年，吉益脩夫对383名正在服刑的累犯的犯罪经历做了一个比较系统的概括分析，之后提出了犯罪生涯曲线的概念。

我们姑且不提这个概念对犯罪心理学的影响，来看看这个重要的犯罪心理学概念的具体内容。

犯罪生涯曲线形成的第一个要件，是犯罪人的初犯年龄。初犯年龄意味着什么? 不仅是初次产生犯罪行为时的年龄，还意味着犯罪人周围环境的败坏程度、犯罪人被标签污名化的风险以及矫正的可能，等等。

吉益脩夫在调查之后认为，初犯年龄的界限，应该是25岁。以25岁为界限，初次犯罪在25岁之前发生的，行为人属于"早发型"的犯罪人; 初次犯罪在25岁之后发生的，行为人属于"迟发型"的犯罪人。

年龄有了界限之后，我们再来看看犯罪方向的问题。犯罪方向这个问题很有意思，是犯罪生涯曲线的另一个要件。

吉益脩夫把犯罪分为几大类，分别为财产犯罪、暴力犯罪、风化犯罪、破坏犯罪和潜逃犯罪这几种（这个犯罪行为的分类也是有一点点年代感的）。然后再按照具体的犯罪方向，分出了四个行为方向:

单一方向——反复进行一个犯罪行为，如一直偷、一直偷、一直偷。

同种方向——反复进行同类别犯罪中的两个以上的犯罪行为，如反复实施经济类的犯罪，既实施诈骗，又实施盗窃。

异种方向——反复进行跨两个类别犯罪的犯罪行为，如既实施盗窃，又进行杀人。

多种方向——反复进行跨两个以上类别犯罪的犯罪行为，如烧杀抢掠，什么都做。

有了犯罪方向了，接下来的要件是什么呢？不要忘记吉益脩夫是以累犯为调查的样本的，所以再犯与间隔时间就是犯罪生涯曲线的最后一个要件。

这个理论的主体，是曾经有过犯罪行为的人，不是没有过犯罪行为的人。吉益脩夫把再犯与间隔时间分为四个阶段，分别对应四个类型：

2.5年以内再犯的，属于持续型；再犯的时间在2.5年到5年之间的，属于迟缓型；再犯时间在5年以上的，属于间歇型；行为人不再犯的，属于停止型。

其实我们可以看到这个理论中的三个要件，是包括基本上所有的犯罪经历的。套用这些要件，就可以总结出一个曲线的类型，但是在实践中，大多数的犯罪人的犯罪经历，要总结为以下六种：

早发单一方向持续型，即犯罪人在2.5年内不断地出现犯罪行为，同时是在25岁之前开始的第一次犯罪；

早发同种方向持续型，即25岁之前，犯罪人持续地实施同一个类别的两种犯罪行为；

早发多种方向持续型，即25岁之前，犯罪人持续实施多种犯罪行为；

迟发单一方向迟缓型，这个比较好理解；

迟发异种方向迟缓型，即犯罪人如果是在25岁之后首次犯罪，又是犯下两种不同的罪行，那么这一类的犯罪人很可能会在2.5年之后实施再一次的犯罪行为；

迟发单一方向停止型，即犯罪人在25岁之后犯罪，只实施了一次，就不再犯罪了。

吉益脩夫在继续研究累犯的犯罪经历时，又总结出了几个概括性的特点。比如，财产犯类型中有比较多的持续型的犯罪人；暴力犯和风化犯类型中有比较多的间歇型的犯罪人；早发多种方向持续型的犯罪人中有比较多的人格障碍者；单一方向犯罪中有比较多单纯的意志薄弱者和精神发育不全者；欺诈犯类型中有比较多的迟发型习惯犯；女性犯罪人中有比较多的迟发型。

个人觉得，犯罪生涯曲线并不能概括所有的犯罪人类型，毕竟从犯罪社会学的角度来说，犯罪行为是一个多成因的结果，不是那么简单就可以概括的。

不过犯罪生涯曲线的概念对于犯罪心理学的影响还是非常显著的，它提出了一种包含型的观点，让我们可以更好地考虑可能影响犯罪生涯曲线的因素，从而更好地研究犯罪。

彩蛋3

职业型犯罪｜《汉尼拔》：高智商的人真的能制造出"完美犯罪"吗？

　　职业型犯罪人，顾名思义就是以犯罪为专门职业的人。但是，今天我们要讲的职业型犯罪人，是犯罪心理学概念上的职业型犯罪人，就是**表面上有正当职业，却以犯罪为常业，并具有高超犯罪技巧和逃避法律追究能力的犯罪人。**

　　比如，电影《速度与激情》里的某些角色，有自己的职业，又成立专业的犯罪团伙；又如，电影《十一罗汉》，他们是职业型盗窃者，做的都是大案，绝对专业；再如，我们马上要着重讲的美剧《汉尼拔》里的汉尼拔·莱科特博士，他表面上是心理医生，实际上把杀人、食人当成爱好。

　　《汉尼拔》是我比较喜欢的一部美剧，口碑很好，虽然被电视台腰斩，但是依旧不影响它好看，还原度还是很高的。剧中的主角汉尼拔博士，是一个非常有名的心理学专家，作风如同绅士，且是剧中第二男主的心理评估医生。如果第二男主在案件调查方向上遇到了问题，汉尼拔就会协助他，并通过自己的专业知识引领侦查方向，与此同时，他通过一次次对案件侦查提供帮助，自己也逐渐深入FBI核心。

　　汉尼拔还有另外一个身份，就是故事中的食人连环杀手。除热衷杀人这一点外，不可否认他确实是个典型的绅士，充满智慧，并且对生活有很高的品位，在周围的社会关系中也享有比较高的威望。

可能大家看到这里会觉得,职业型犯罪人也太分裂了吧! 美国犯罪学家萨瑟兰在1937年的书《职业盗窃》中第一次提出了两个概念:"业余型犯罪人"和"职业型犯罪人",并且认为职业型犯罪人应该是一群有着以下特点的"正常人":

(1) 有着专门的知识 (无论是职业知识还是犯罪知识);

(2) 享有较高社会地位和声誉 (展现了其双面性);

(3) 拥有普通情感 (并不是变态和极端冷漠的);

(4) 拥有公开生活 (不会藏在阴暗的角落里过着不为人知的隐秘生活);

(5) 有计划犯罪。

另一位美国学者雷克利斯也发表了一些对职业型犯罪人的观点,认为职业型犯罪人应该具有以下特点:

(1) 以犯罪为获取生活来源的途径 (注意不是唯一途径);

(2) 犯罪专家,善于制订计划,选择被害目标并成功逃避侦查;

(3) 精湛的犯罪技巧会得到传承;

(4) 心理正常 (这一点前面我们也提到了);

(5) 技能多样化 (不是只会一种犯罪手法)。

职业型犯罪人看上去很特别,好像在犯罪状态下,他们是一种"无敌"的存在,并且鲜少出错,那么职业型犯罪人在行为上和心理上有什么样的特征呢? 这种类型的人会做出"完美犯罪"吗?

首先,职业型犯罪人在行为上有一种明显的心态,就是"杰作心态"。职业型犯罪人由于犯罪心理结构的定型,已经很少对犯罪行为产生罪恶感了,所以犯罪成功的正反馈会慢慢地进化成要求质量的审慎心理,积极性的体验会持续扩散开来,也就是把犯罪的行为和过程,当作自己精心制作的艺术品去欣赏和改善。

其次,职业型犯罪人的作案手段残忍且多变。职业型犯罪人一般是以财产犯罪为主的,但是,为达到这个目的,有时候会涉及不择手段的行为。因为他们对犯罪行为无负罪感,所以会把残忍的手段看作一般的手段来实行。

再次，职业型犯罪人大多具有双重性格。他们一方面过着正常的生活，另一方面实施专业的犯罪行为，而这两个性格之间的差距，通常是非常巨大的。他们在正常生活中可以非常善于交谈，和蔼可亲；而犯罪时则可能变得残忍、冷漠、无情。研究者认为，在一些特定的情况下，职业型犯罪人可能存在过度的自我价值感，如错误的自我认识、极度以自我为中心，并且以犯罪行为实现自我满足感。

最后，职业型犯罪人以犯罪为信念的动机。职业型犯罪人由于长期受到犯罪环境和心理的影响，已经形成了犯罪信念，所以动机就围绕着犯罪信念展开。有时候，职业型犯罪人的犯罪动机是无意识的、自觉产生的；而更多的时候，职业型犯罪人的很多犯罪行为动机是附加在其他行为之上的。

那么，这种类型的犯罪人可以做出"完美犯罪"吗？

"完美犯罪"本身就是不可能存在的，侦查领域有这样一句话，"接触即残留"，所以犯罪人跑肯定是跑不掉的，被抓住只是时间的问题。什么是"接触即残留"呢？简单解释一下，如我手上什么都没有，我拍一下我的腿，这个接触就在腿上留下了我手上的一些东西，如手上的一些分泌物，或者是我拍在表面的时候，就会有指纹，实际上你可能看不到，但是用专业的设备一扫就能发现；再如一些物质的互相渗透。这些都叫作"接触即残留"。

彩蛋4

斯德哥尔摩综合征|《热天午后》：人质在什么情况下会"爱"上绑匪?

斯德哥尔摩综合征也算是影视作品中用得比较多的概念了，如电影《卧虎藏龙》中，玉娇龙爱上了绑架她的大盗罗小虎；或者是之前很火的DC电影《自杀小队》里面的精神科医生哈莉奎泽爱上了一开始会虐待她的小丑并为他跳入化学池中，才成为小丑女哈莉奎茵的。

美剧中，《实习医生格蕾》里面曾经有一个片段：有一个病人，6岁时被绑架，然后被关在地下室饱受性侵和虐待长达12年的时间。在这期间她骨盆骨折，产下了一名死婴。但是当她在电视上看到绑架者被捕的新闻时，却表达出了对他的同情心，说他有时对自己也很好，会让自己离开地下室到楼上透透风，并曾经送过自己生日礼物。她会逃走是因为绑架者嫌自己18岁了"年纪大了"，要出去抓新的女孩回来，由于不想有其他女孩受到伤害，她才决定告发绑架者。

👽 电影分析

这里我想讲一部由真实案例改编的电影——《热天午后》。电影讲的是一起看上去很荒唐的银行抢劫案，劫匪本来计划10分钟之内就能完成抢劫，但是银行刚刚完成交易，金库内根本没有现钱，整个保险柜也只有1100美元的现金，所以劫匪不能如愿抢走大量现金，而这时候警察来了，劫匪只能劫持人质，与警察对峙，抢劫于是变成了一场持续12个小时的拉锯战。

劫持人质4个小时后，现场被围观群众和手忙脚乱的警察弄得像游乐园一样热闹。劫匪走出银行回应警察的质问居然还赢得了围观群众的喝彩。8个小时后，抢劫案成了电视节目的实况转播，大家仿佛拍电影一样高兴。

在对峙快要结束的时候，由于长时间的被劫持和其他原因，人质出现了斯德哥尔摩综合征，对劫匪竟然表现出了同情、关心、理解，甚至是一些不舍。

👽 知识概念

斯德哥尔摩综合征到底是什么？被劫持的受害人居然会对犯罪人表现出正面的情感？

斯德哥尔摩综合征，又可以直观地叫作人质综合征，是一种心理学现象，主要指犯罪受害人对犯罪人产生情感、同情或认同犯罪人的某些观点和想法，甚至在一些情况下反过来帮助犯罪人的一种情结。当然可能这种情感是不理性的，可能是受害人对自己同情心的一种滥用。

斯德哥尔摩综合征可以被看作一种创伤产生过程中产生的情感链接。但是，和我们平常的认知可能不太一样，它不一定只发生在劫持或绑架这类案件中。只要犯罪人对被害者实施一定程度的骚扰，都可能使被害者对犯罪人产生强烈的情感。

根据弗洛伊德的理论，斯德哥尔摩综合征是一种自我防卫机制，当受害人相信犯罪人时，就会觉得自己不再受到威胁。比如，我长时间地拿个望远镜远距离窥视你的生活，你发现了，非常生气。但是我解释说我这样做是因为我太爱你了，慢慢地，你接受了这种说法，觉得我也是因为对你的感情无法抑制才会如此，你开始慢慢理解我，甚至可能对我产生感情。

需要注意的是，斯德哥尔摩综合征并不是一个正式记录在DSM-5中的精神疾病的名字。这个名字，实际上是由一个典型的案例得来的，用来形容案例中受害人出现的特殊的状态。

1973年8月23日，两名有前科的罪犯欧尔森与欧洛夫森，抢劫了瑞典斯德哥尔摩的诺玛姆斯托格广场上最大的一家信贷银行，并且劫持了4名银行工作人员作为人质。劫匪与警察僵持了130个小时，最终以劫匪投降告终。

然而这起事件发生后的几个月，4名曾经作为人质的银行工作人员并没有痛恨犯罪人，并表示他们对犯罪人没有伤害他们甚至是对他们多加照顾而感到很感激，然后对警察采取了敌对的态度，不愿意在法庭上作证，甚至与犯罪人成为朋友。

这个案件中，两名犯罪人在劫持人质的5天里面，对人质的威胁和仁慈被认为是同时存在的。这样的高压环境下的交叉，导致了受害人心理上的变化，斯德哥尔摩综合征也因为在斯德哥尔摩人质挟持事件中被发现而得名。

👽 特征分析

前面我们说了，斯德哥尔摩综合征不仅仅会出现在银行劫持或是绑架这类案例中。集中营的战俘、性侵害的受害人，都可能出现斯德哥尔摩综合征，而这种综合征出现在女性受害人身上的情况要比出现在男性受害人身上的情况多。本来情感依赖度高的人或是特别感性的人，出现这种综合征的比例会较高。

斯德哥尔摩综合征的受害人都有哪些特点呢？

第一，犯罪人因为某种原因威胁受害人，而这种原因是可以得到受害人认同的，如为了给孩子治病这样的理由。

第二，受害人必须真切地感受到犯罪人真的会威胁到自己的生命，如被用枪指着头。

第三，在受到犯罪侵害的过程中，受害人必须体会到犯罪人对自己仁慈的方面，如不被虐待并被给予好的食物。

第四，在这段时间里面，受害人只能接收到犯罪人一个人的想法，并没有办法和大众沟通交流。

第五，受害人认为在整个受侵害过程中，自己没有办法逃避或逃走。

彩蛋5

审讯心理|《一级恐惧》：警察是如何判断出凶手在说谎的？

这节彩蛋我们来了解一下侦查阶段一个重要的技术相关心理——审讯心理。

🛸 电影分析

谈到审讯心理，有一部电影比较经典，叫作《一级恐惧》，讲的是一个人格分裂症患者杀人的案件。深入看下去，你会发现电影中的整个审讯过程其实非常失败。

德高望重的老主教罗森被人谋杀，警察在现场抓到了满手鲜血的少年艾伦。著名律师马丁·威尔决定经办此案。他认为艾伦是无辜的，并决定免费为他辩护。

在法庭上，威尔的前妻、女检察官瑞纳提出了大量不利于艾伦的证据，但都被威尔一一驳回。为了唤起艾伦的记忆，威尔和心理医生对艾伦进行了询问。随着问题的深入和越发尖锐，艾伦开始变得凶狠无状。

威尔找到了被罗森收养的另一个男孩，并发现主教收养艾伦是为了满足自己的特殊癖好。当他到拘留所就此询问艾伦时，艾伦突然像变了一个人。他自称"罗伊"，承认是自己杀死了罗森，并且保护了"艾伦"。

在发泄后，"罗伊"又变回了"艾伦"，并且对发生过的一切毫无记忆。

心理医生在法庭上提出艾伦患有人格分裂症，在被虐待至极度痛苦时就会变成"罗伊"，但是他们无法证明这一点。瑞纳指出，艾伦是在为罗森主教做色情表演时倍感痛苦而杀死了主教。这时，艾伦跳出被告席，变成了"罗伊"。他攻击了瑞纳，现场的人都惊呆了。

法官决定解散陪审团，判令艾伦入院观察30天，由医生进行治疗。审判结束后，威尔去探望已经恢复常态的艾伦。临别时，艾伦请他代向瑞纳道歉，并询问她的脖子有没有受伤，威尔猛然想到，艾伦应该在事情发生后什么都记不住才对。被识破的艾伦看着威尔狞笑起来。威尔终于明白，艾伦已经不存在了。从罗森收养了艾伦，并把他带回去虐待的时候开始，艾伦就已经永远变成了"罗伊"。

☻ 知识概念

很多人之前都不知道有审讯心理这个领域，大多数人包括我自己在没有学习犯罪心理学这个学科之前，也是觉得审讯就是把找到的物证放在嫌疑人面前，然后问他这些是什么，坦白从宽，抗拒从严，很简单的一个过程。

影视剧经常会把这个过程描写得很精彩，在那些审讯时刻，空气好像都紧张得凝固了，但是好像看不出来有审讯心理这样的因素体现。

实际上，审讯心理是侦查过程的一个重要部分，绝对少不了。那么，目前审讯心理都包括哪些内容呢？

首先是联想反应问答。就是把一些字或词作为刺激字，快速地讯问嫌疑人，不允许嫌疑人考虑，并记下嫌疑人脱口而出最先联想到的那个字或词。审讯人员不是为了得到犯罪嫌疑人选择的答案，而是要在这种快速选择的过程中，观察嫌疑人的反应。特别是当我们把关键词换成如杀人凶器的时候，对于犯罪人来说，可以引起的联想反应就会比较大；而如果是没有犯罪的人，对此则会显得比较无措，不知道审讯人员在说什么。

其次是复述或默写法。实际上也是利用突然的联想，搭配上犯罪人紧张的感觉来寻找漏洞。比如，我跟你讲了一个故事，这么巧，这个故事就和你犯的事儿很像。讲完之后我立刻让你复述或是默写出来。如果你真的做了这样的事情，就会心绪混乱、恐惧不安，然后在这个过程中把自己的行为写进去。

最后是脑电波技术，就是用记录器检测犯罪嫌疑人的脑电波。你会发现一个有意思的事情。正常人的脑电波是比较缓慢且很有规律的 α 波，尤其是在人心情平静和情绪稳定的时候。但是，当人变得紧张、不安、焦虑的时候，可能你的外在行为掩饰得很好，脑波却会出卖你。这个时候会出一种振幅小、不规则但是很快速的 β 波。

彩蛋6

儿童安全|《素媛》：面对儿童性侵，我们该如何保护孩子？

　　儿童安全的问题，并不是哪个国家单独面临的问题，而是一个世界性的问题，并且很严峻。不要以为针对儿童的各种暴力行为并没有多少，因为我们平常在自己身边看不到。实际上，情况多得令人发指。研究者雷克曾经说过，针对儿童的暴力行为每时每刻都在发生，对许多儿童造成的个体伤害是最严重的问题，不仅如此，它还在撕裂社会结构，破坏社会的稳定和进步。

　　韩国电影《素媛》根据真实案件改编。凶手赵斗顺，有强奸和故意伤害前科，出狱后于2008年12月11日早上，在教堂门口随机选择了8岁的受害人，把她捂嘴抱进了教堂厕所进行殴打和残忍的性侵害行为。受害人被救后，经医学鉴定为遭受永久性损伤，失去80%的生殖器和肛门功能，需要一生带着人造器官生活，而凶手因为韩国法律的滞后，只被判了12年，并且临近出狱也并没有通过出狱心理评估，显示再犯率很高。

　　当然电影中的素媛，在与凶手第一次接触的时候有一个过程，就是下着大雨，凶手问素媛能不能和他撑一把伞。素媛觉得帮助别人是应该的，就这么做了，结果被诱拐到废弃的案发地点。电影的这个过程，恰恰可能在日常生活中发生。

☻ 现状分析

联合国儿童基金会曾经发表了一份名为《隐藏于眼前》的报告, 这份报告是基于全世界190个国家和地区的数据分析产生的。报告显示, 针对儿童的各种暴力行为, 频繁地发生于社区、学校与家庭环境之中, 而其发生数量的数据, 则多得可以用惊人来形容。报告中的数据部分引用如下:

性暴力: 全世界大约有1.2亿名年龄在20岁以下的女孩有过被迫性交或其他形式的被迫性行为, 占20岁以下女孩总人数的10%。在15岁至19岁已婚的少女中, 有约8400万人曾遭受过她们的丈夫或伴侣施加的情感、身体或性行为的暴力虐待。

凶杀: 2012年, 凶杀案造成了9.5万名20岁以下儿童和青少年丧生, 占当年全球凶杀案受害人总数的20%。在巴拿马、委内瑞拉、萨尔瓦多、特立尼达和多巴哥、巴西、危地马拉、哥伦比亚这些国家, 凶杀是导致10岁至19岁男性死亡的首要原因。尼日利亚是儿童被杀害数量最多的国家, 高达1.3万人。在西欧和北美国家中, 美国的凶杀案发生率最高。

霸凌: 全世界年龄在13岁至15岁的学生中, 有33%以上的学生经常在学校遭受霸凌。

暴力惩戒: 在58个国家中, 有大约17%的儿童遭受过严重的体罚(如击打头部、耳朵或脸, 或用力、重复地击打)。在全球范围内有30%的成人认为体罚是抚养孩子所需要的手段。

☻ 应对方法

这个数据中, 性暴力的数量居然有1.2亿, 而随着时间的推移, 这个数字可能仍旧在增长。那么我们该怎么去预防和应对这种针对儿童的暴力行为呢? 或者说该怎么去预防和应对针对儿童的性暴力行为呢? 应该教导自己的孩子注意一些什么？法律和社会帮扶这些我们不去主要讲，因为这是宏观的东西，需要国家层面来改进，如健全机制、完善专业机构的参与渠道等。我们来说一下微观的东西。

首先，儿童性教育的普及，刻不容缓。特别是很多家长应该转变观念，让孩子尽早学习性教育的知识。目前依旧有很多地方对于儿童性教育抱持着保守的观点，觉得太早给孩子讲这些是没有必要的，甚至觉得是肮脏的。如果家长是这种态度，那么孩子遇到伤害的时候可能根本没人能帮他。要教导孩子尽量不要与父母以外的人共处一室。

其次，不要盲目接受求助。特别是当孩子要去帮助成年人或者比自己年龄大的人时，这在逻辑上就是存在问题的。

再次，完善儿童认知。要让儿童明白什么样的碰触行为是不可以有的，身体哪个区域是绝对禁止触碰的；要是遇到一些让自己不舒服的事情，一定要勇敢地说出来。很多儿童遇到这种类型的事情之后是害怕说给自己的父母或监护人听的，然而大人要鼓励他们去说，还要与他们多交流。

最后，尽量不要让儿童独自出去。即使周围环境被定义为很安全，也不要放松警惕，因为犯罪行为可能随机发生。

参考文献

李玫瑾：《犯罪心理研究》，中国人民公安大学出版社2016年版。

罗大华、马皑主编：《犯罪心理学》，中国人民大学出版社2012年版。

王锡章：《拐卖儿童犯罪的现状与遏制对策——以F省为例的实证研究》，载《中国人民公安大学学报（社会科学版）》2015年第5期。

［日］三原宪三：《尊属杀人罪裁判》，日本第三文明社1986年版。

［日］福岛章：《尊属杀——犯罪心理学观点》，载《法学家》（通号812）1984年5月1日。

［美］阿尔伯特·班杜拉：《社会学习理论》，陈欣银、李伯黍译，中国人民大学出版社2015年版。

万铎科技：《2018年中国赴美留学生安全报告》（2018年8月）。

Denise Kindschi Gosselin, *Heavy Hands: An Introduction to the Crimes of Intimate and Family Violence*, Pearson Education, Inc., 2014.

Emily Finch, "Stalking: A Violent Crime or a Crime of Violence?", *The Howard Journal of Criminal Justice*, Volume41, Issue5, December 2002, pp. 422–433.

Joel Paris, "Childhood Precursors of Borderline Personality Disorder", *Psychiatric Clinics*, March 1, 2000, Volume 23, Issue 1, pp. 77–88.

Connie Mitchell, *Intimate Partner Violence: A Health-Based Perspective*, Oxford University Press, 2009: 319–320.

Mandi M. Larsen, *Health Inequities Related to Intimate Partner Violence Against Women: The Role of Social Policy in the United States*, Germany and

Norway, Springer, 2016: 110–111.

Pamela Regan, *Close Relationships*, Routledge, 2011: 456–460.

Robert E. Emery, *Cultural Sociology of Divorce: An Encyclopedia*, SAGE Publications, 2013: 397.

Kerry Abrams, "Marriage Fraud", *California Law Review,* No.1, Vol.100, Feb 2012, pp. 1–15.

Corinne J. Saunders, *Rape and Ravishment in the Literature of Medieval,* England, Boydell & Brewer, 2001, p. 20.

Keith Burgess-Jackson, *A Most Detestable Crime: New Philosophical Essays on Rape*, New York, Oxford University Press, 1999, p.16.

Zhongliang Huang, Wenguo Weng, "Analysis on Geographical Migration Networks of Child Trafficking Crime for Illegal Adoption from 2008 to 2017 in China", *Physica A: Statistical Mechanics and Its Applications*, Volume 528, 15 August 2019.

Rowena Fong, Jodi Berger Cardoso, "Child Human Trafficking Victims: Challenges for the Child Welfare System", *Evaluation and Program Planning*, Volume 33, Issue 3, August 2010, pp.311–316.

Patricia A. Normandin, "Child Human Trafficking: See, Pull, Cut the Threads of Abuse", *Journal of Emergency Nursing*, Volume 43, Issue 6, November 2017, pp.588–590.

M. Adedoyin, A.A. Adegoke, "Teenage Prostitution—Child Abuse: A Survey of the Ilorin Situation", *African Journal of Medicine and Medical Sciences*, 01 Mar 1995, pp.27–31.

Gerald M. Caplan, "The Facts of Life about Teenage Prostitution", *Crime & Delinquency*, Volume: 30 issue: 1, January 1, 1984, pp. 69–74.

Gary F. Jensen, *The Path of the Devil: Early Modern Witch Hunts*, Rowman & Littlefield, 2007.

Cohen, R. Arthur, "Social Norms, Arbitrariness of Frustration, and Status of the Agent of Frustration in the Frustration–Aggression Hypothesis", *The Journal of Abnormal and Social Psychology*, 51 (2): 222–226.

N.E. Miller, "The Frustration Aggression Hypothesis", *Psychological Review*, July 1941, 48 (4): 337–342.

J.M. Cantor, M.E. Kuban, T. Blak, P.E. Klassen, R. Dickey, R. Blanchard, "Physical Height in Pedophilic and Hebephilic Sexual Offenders", *Sex Abuse*, 2007, 19 (4): 395–407.

Phillip R. Slavney, "The Diagnosis of Hysterical Personality Disorder: A Study of Attitudes", *Comprehensive Psychiatry*, Volume 19, Issue 6, November–December 1978, pp. 501–507.

Ron Acierno, Alyssa A. Rheingold, Heidi S. Resnick, Dean G. Kilpatrick, "Predictors of Fear of Crime in Older Adults", *Journal of Anxiety Disorders*, Volume 18, Issue 3, 2004, pp.385–396.

Gregory J. DeLone, "Public Housing and the Fear of Crime", *Journal of Criminal Justice*, Volume 36, Issue 2, May–June 2008, pp.115–125.

Joseph A. Schafer, Beth M. Huebner, Timothy S. Bynum, "Fear of Crime and Criminal Victimization: Gender–Based Contrasts", *Journal of Criminal Justice*, Volume 34, Issue 3, May–June 2006, pp.285–301.

Seul–Kee Kim, Hang–Bong Kang, "An Analysis of Fear of Crime Using Multimodal Measurement", *Biomedical Signal Processing and Control*, Volume 41, March 2018, pp.186–197.

Schalet, T. Amy, *Not Under My Roof: Parents, Teens, and the Culture of Sex*, University of Chicago Press. pp. 12, 156.

图书在版编目（CIP）数据

犯罪心理分析：恶的群像及如何远离 / 张蔚著.
2 版. -- 北京 ：中国法治出版社，2024. 12. -- ISBN
978-7-5216-4861-4

Ⅰ. D917. 2

中国国家版本馆 CIP 数据核字第 2024Z1S715 号

策划编辑：吕静云　　　责任编辑：吕静云　李若瑶　　　封面设计：周黎明

犯罪心理分析：恶的群像及如何远离
FANZUI XINLI FENXI: E DE QUNXIANG JI RUHE YUANLI

著者 / 张　蔚

经销 / 新华书店

印刷 / 三河市紫恒印装有限公司

开本 / 710 毫米 × 1000 毫米　16 开　　　　　　　印张 / 16.25　字数 / 225 千
版次 / 2024 年 12 月第 2 版　　　　　　　　　　2024 年 12 月第 1 次印刷

中国法治出版社出版
书号 ISBN 978-7-5216-4861-4　　　　　　　　　　　　定价 : 55.00 元

北京市西城区西便门西里甲 16 号西便门办公区
邮政编码：100053　　　　　　　　　　　　　　　传真 : 010-63141600
网址 : http://www.zgfzs.com　　　　　　　　　**编辑部电话 : 010-63141833**
市场营销部电话 : 010-63141612　　　　　　　**印务部电话 : 010-63141606**

（如有印装质量问题，请与本社印务部联系。）